ちくま文庫

家の歴史を書く

(チベ)

朴沙羅

筑摩書房

目次

朝鮮民主主義人民共和国

平壌

海州

ソウル

大韓民国

大邱

光州

釜山

対馬

済州島

大村市

甲子園

大阪

和歌山

日本

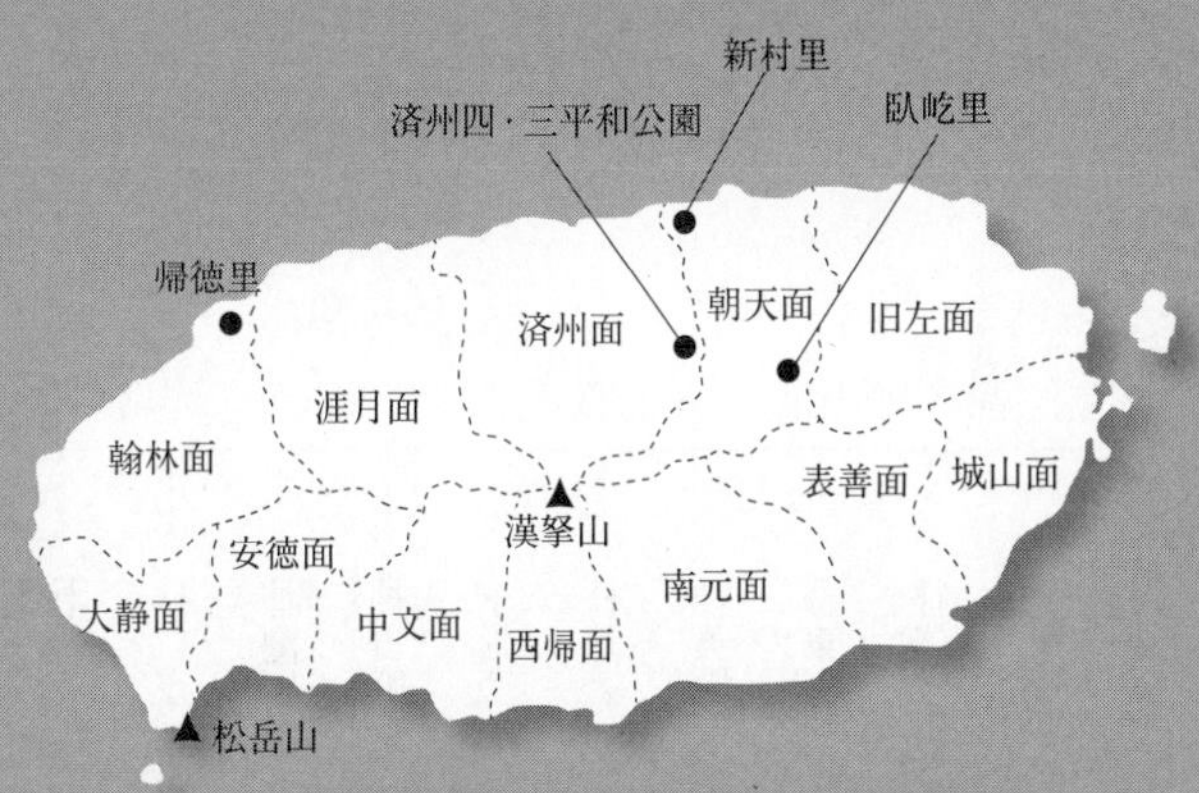
新村里
済州四・三平和公園
臥屹里
帰徳里
朝天面
旧左面
済州面
涯月面
翰林面
表善面
城山面
漢拏山
安徳面
南元面
大静面
中文面
西帰面
松岳山

済 州 島

家系図

一部仮名、＊は女性を表す

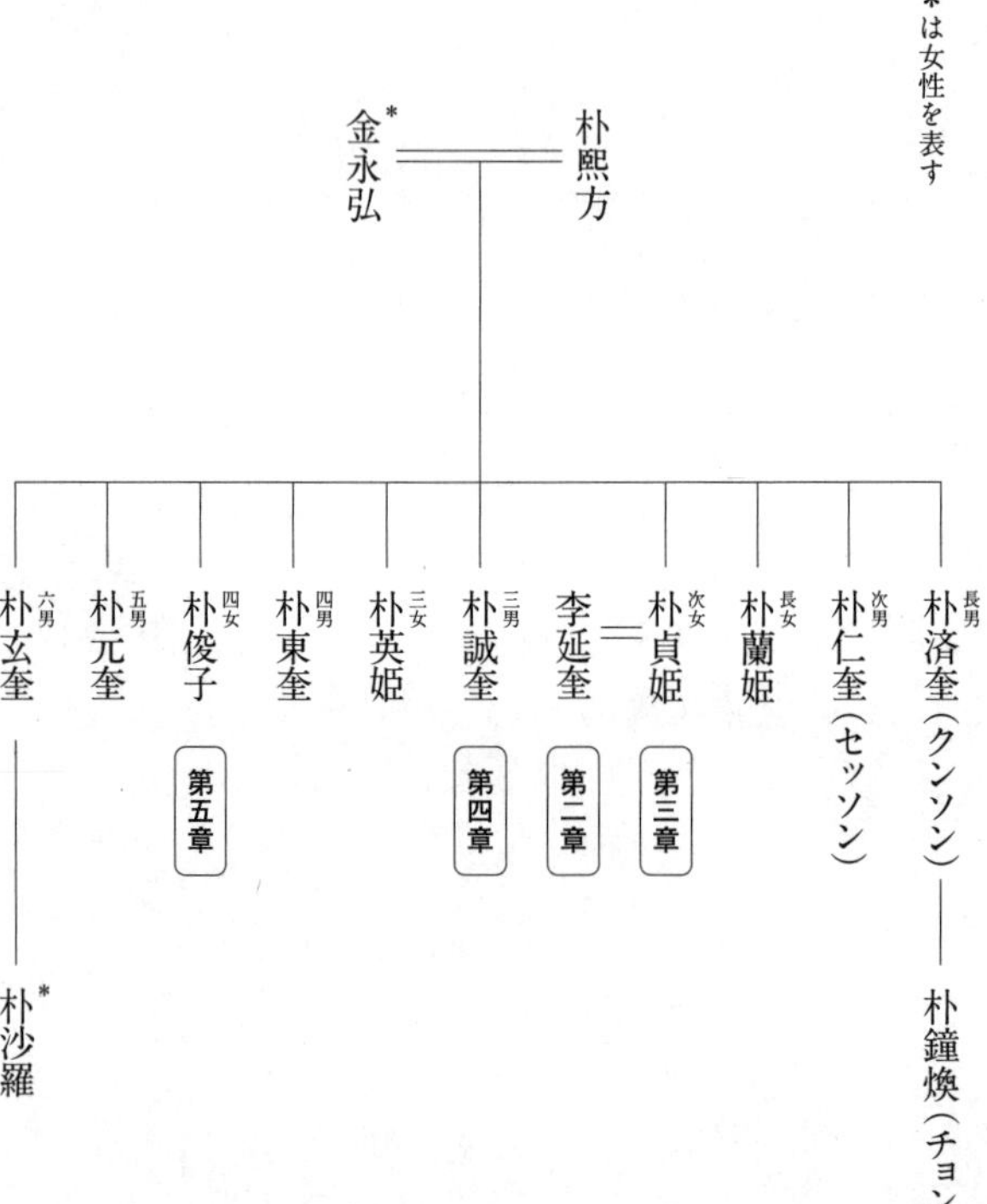

はじめに

自分の親戚がどうやら「面白い」らしいことは知っていた。

私の父は在日コリアンの二世で、母は日本人だ。父は一〇人（早逝（そうせい）した人を含めると一一人）きょうだいの末っ子、母は一人っ子で、日本にやってきてから生まれたのは父だけだ。つまり、私には在日一世（日本に移住してきた第一世代）の伯父と伯母が九人（配偶者を含めると一八人）いる。伯父や伯母にはそれぞれ一人から四人の子がいる。彼らはほぼ全員が大阪に住んでいる。

彼らはもともと、済州島（チェジュド）の朝天面新村里（チヨチヨンミヨンシンチヨンリ）という村から来た（「面」とはおおよそ日本の行政区分で言うところの「村」に、「里」は「大字」に相当する）。済州島は朝鮮半島の西南沖にある火山の島で、旅行会社には「日本から一番近い海外リゾート」と宣伝されている。大きさはだいたい香川県と同じくらいで、島の中央には大韓民国で最も高い漢拏山（ハルラサン）がそびえている。風が強く、家々の周りには石垣が組まれ、青い海も大きな滝も、深く長い洞窟もある。ついでにサバとタチウオと豚肉がとてもおいしい。

在日コリアンとひとくちに言っても、いろいろな来歴や立場の人がいる。日本が朝鮮半島を植民地にしていた時代に、様々な経緯で日本に移住してきた人々とその子孫や、戦後すぐに日本へ移住してきた人々（オールドカマー）、一九八〇年代後半から九〇年代初頭の出入国管理及び難民認定法の改正以後に入国・定住したいわゆるニューカマーも、このカテゴリーに含まれる。[1] 国籍も大韓民国だったり日本だったり、あるいは無国籍のままに置かれていたりする。

私が大学を卒業する頃まで、父の親戚たちは年に最低三回（正月・祖父・祖母の法事）は集まっていた。いわゆる「祭祀（チェサ）」と言われるものだ。そこでは、伯父や伯母が口角泡を飛ばして、時に他人には理解できないような内容で争う。最終的には殴り合いになることも少なくなかった。

私が小学生の頃は、数年に一度、親戚で集まって済州島に住んでいる親戚を訪ね、墓参りと墓の草刈りをした。そのときの写真は、いまも実家にある。同じような顔と体型の人たちが五〇人くらい、山の中にある墓に行って草を刈り、そのあとで草を刈ったばかりの地面にゴザを敷いて法事をしてご馳走を食べる。

祖母の墓は山の中腹の、見晴らしのいい少し開けたところにあった。祖母の墓のすぐそばには背の高い松の木が生えていた。祖母はそこが好きだったらしい。私の生まれる五年前に祖母は亡くなったが、そういう話を聞いて、何も知らないのになんとなく寂しいような嬉しいような気持ちになったものだ。

私が生まれてほどなく、祖父は他界した。通夜の席で伯父たちは、祖父をどこの墓に入れるか、大阪なのか済州島なのか、祖母と同じ墓に入れるのか、いやあの二人はあんなに仲が悪かったのだから同じ墓に入れてはいけない、と言い争い、祖父の霊前で殴り合ったらしい。それを見ていた母の父は、えらいところに娘を嫁にやってしまった、と思ったらしい。

私がまだ三歳かそこらの頃、その親戚たちがどういうわけか、京都・嵐山で花見をした。そして例によって殴り合いになった。彼らは最終的にはビール瓶だか一升瓶だかで殴り合い、見かねた周囲の人が警察に通報した。やってきた警察官は、伯母（伯父の妻）たちに「兄弟喧嘩やからほっといて」と言われて、特に何もできずに立ち去ったらしい。ちなみに、私はそのときにみんなの弁当の中から、好物のハンバーグだけ取り出して食べながら「けんかしたらいけないんだよー」と言っていたそうだ。

この本では、こういう「面白い」人たちが、いつどうやって、なぜ大阪にやってきて、そのあとどうやって生きてきたのかを書いていく。いわゆる家族史と呼ばれるものだ。

登場人物は私の伯父二名と伯母二名。年齢順に、李延奎（イヨンギュ）（一九二五年生まれ、二〇一一年死去。見た感じは小柄で優しそうで笑顔のかわいいおじいちゃん）・朴貞姫（パクチョンヒ）（一九三五年生まれ。李延奎の妻で私の父の次姉。マシンガントークが得意で強烈な存在感のある女性）・朴誠奎（パクソンギュ）（一九三八年生まれ、二〇一一年死去。見た感じは極道の人っぽいが好物は餡子（あんこ））・朴俊子（ぱくとしこ）（一九四四年生まれ。見た感じは大阪のおばちゃんとしても派手なほう）。

彼らは皆、一九四八年に済州四・三事件と呼ばれる事件が起こったあと、再び大阪へ移住した。それから七〇年近く、彼らは大阪で働き、結婚し、子どもを育て、何人かはすでに他界した。祖母だけが死ぬ前に済州に戻り、そこで亡くなった。

彼らのこのような来歴を、私は何も知らなかった。昔から、自分の親族の過去を聞いてみたい気持ちはあった。けれども私は、何を聞くでもなく調べるでもなく、ただ漠然と「一九四五年までのどこかの時点で日本に来たんだろう」と思っていた。

ところが、高校二年生のとき、貞姫伯母さんが何かの拍子に「あのときは海で船が沈んで大変だった」と言い出したことがあった。そのときに私は初めて、私の親族がどうやら、太平洋戦争後に一度は済州島に戻ったことを知った。

けれども、なぜ？　なぜまた日本へ戻ってきたのだろうか？　そのときに、伯母さんにこの話を聞かなければならないと思った。と思ったのだが、高校時代は部活と受験勉強で消え、大学に入ったら自分のことや恋愛や友人やバイトや授業（ほとんど出ていなかったけれども）で頭がいっぱいになって、伯母さんの話などすっかり忘れていた。

学部生のとき、社会調査の授業で、「誰でもいいから生活史を聞き取ってくるように」という課題が出された。「生活史」という言葉を聞いたのは、その授業が初めてだった。生活史とは、個人史とも言える。そのとき、いい機会だから伯母に話を聞いてみようと思った。きっと面白い話が出てくるに違いない、もしかしたら卒業論文も余裕で書けるんじゃない？　と。

しかし、それは大きな間違いだった。そのあと私は困ったり悩んだり調べたり、研究会で報告して批判されたり、「私、向いてないんじゃないかなー」とつぶやいて、うしろから教官に「どっちでもいいから、早く修正した論文を出しなさい」と突っ込まれたりした。

そうしてだいぶ回り道をして、ようやくあのときに始めたことを本として書いてみようと思っている。それを私の知らない人たちにも読んでもらえたら、嬉しいような恥ずかしいような気がする。

伯父の一人（東奎伯父さん。五人いる伯父の四番目）が、かつて私に「末は博士か大臣か、っていうけど、朝鮮人は大臣にはなられへん」と言ったことがある。学校の成績の話をしたときのことだったと思う。自分で言うのもなんだが、私は勉強はできるほうだった。伯母やいとこから「勉強ができるのに、女の子だなんてかわいそう」と言われたこともある。日本社会で育った女であれば、学校生活のかなり早い時点で、勉強を頑張るか愛され女子を目指すか決めなければならない。私には最初から、後者の選択肢などなかった。

いまにして思うと、伯父のあの発言は諦念を表したものだったのだろう。お前が学校で成績がよくても、政治を動かす人間にはなれないのだ、自分たちが生きているこの社会に変革をもたらすわけではないのだ、と。しかし当時の私が思ったのは「ふーん、じゃあ博士になろう」ということだった。

いまの日本がこのままであるかぎり、私は大臣にはなれないだろう。しかし、博士にはなれた。伯父の発言を聞いたとき、私は当然、自分は大臣にはなれないだろうと思ったが、同時に当然、自分は博士にはなれるだろうと思った。

どんなに金持ちになろうとも、どんなに「偉い人たち」と知り合いになろうとも、私が朝鮮人で、しかも女であるかぎり、日本では大臣になれない。しかし金持ちでなくとも、誰の家族でどんな人々と一緒に過ごしていようとも、博士にならなれる。

私が初めてインタビューした相手は、誠奎（ソンギュ）伯父さんだった。私はかつて、伯父さんにひどく泣かされたことがある。それ以後、誠奎伯父さんと会うときはいつも緊張していた。年に数回会うだけの、常に無愛想な姪を、伯父がどう思っていたのかはわからない。

それから一〇年以上経って、誠奎伯父さんに、大学院に進学することを伝えた。すると彼はそもそも大学院とはなんなのか、そこに行ってどうするのかと訊いた。私は「大学に行ったあとでさらに勉強するところです」「そこに行ったら博士になります」と答えた。すると伯父さんは「それでどうすんねん」と尋ねた。私は「家（チベ）の歴史を書きます」と答えた。

けれども、私はそんなものが書けるとは思っていなかった。彼もそれがなんなのか、どういうものなのか、皆目見当もつかなかっただろう。伯父さんはむすっとした表情で「そんなもん誰も読まへんわ」と吐き捨てて、一万円くれた。私はやっぱりそのときも緊張していて、きちんとお礼を言えたのかどうか、よく覚えていない。帰り道で父に「沙羅、今日お前の話聞いて、兄ちゃん、めっちゃ喜んどったなぁ！」と言われて初めて、伯父が喜んでくれたらしいことを知った。

　大学院に進学したあと「お前はどないして食っていくんや」と尋ねられたことがある。私が答えられずにいたら、父が「こいつ姜尚中（カンサンジュン）みたいになるんやって」と突然言い出した。私はあわてて「何言うてんの！　そんなんいっぺんも思たこともないし！」と言ったのだけれども、誰も私の話を聞かず、へえ姜尚中か、と納得されてしまった。大学院なんてものの存在を知らない彼らでも、姜尚中は知っていた。在日コリアンであるとわかる有名人は、彼らにとってヒーローだった。

　大学院に進学して五年後、私は博士号を取得した。専門は社会学だ。けれども、結局まだ「家（チベ）の歴史」を書けていない。それは私にとって、歴史を書くとは具体的に何に目をつけどうすることなのか、わからないままだからだ。

　それでも、私は伯父との約束を果たさなければならない。いったん啖呵（たんか）を切ってしまったのだから、書いてみせなければならない。歴史の書き方はまだわからない。けれども、社会学的であるとはどのようなことなのかについては、ほんの少しわかってきたような気がする。私たちが毎日当たり前に生きているこの社会が、どんな規則や知識や思い込みによって成り立っているのかを示せれば、それをもって社会学的と言えるのではないか。

だからこれから、済州と大阪との間を行ったり来たりしていた「面白い」人々の口述史を書いていこうと思う。それは、歴史であると同時に、たぶん社会学的でもあるはずだ。

第一章

生活史を書く

ところで「家（チベ）の歴史」というが、実際に書いていくのは私の伯父・伯母たちの生活史だ。しかし、生活史を書くとは、いったい何をすることなのだろうか。すこし社会調査に関する議論に踏み込むことになるが、本書の内容にも関わることなので書いておきたい。興味のない方は飛ばして、先に進んでもらってかまわない。

社会学で行う調査（社会調査）の方法の一つに、生活史調査というものがある。非常に簡単に言うと、個人の過去の体験談を聞き取ることだ。

調査者はまず、自分の知りたい内容に応じて、誰に体験談を聞きたいか決める。なんらかの方法でその人に出会い、アポイントメントをとり、約束した時間に約束した場所に向かう。いまなら私は、インタビューを始める前に、目的と聞きたい内容、聞き取った音声データがその後どうなるか、聞き取ったデータで何をするか（論文を執筆する、学会で報告する、など）といったことを簡単に説明する。

そして、回答者はいつでも回答を拒否できること、調査の途中や終わったあとも音声データを使わないように要請できること、その場合は必ず使用しないことを伝え、仮に論文等で音声データを使う場合、回答者の実名を出していいか、あるいは仮名のほうがいいかを尋ねる。

調査者が回答者にレコーダーやマイクを向け、会話が始まる。調査者の質問から始まる場合もあれば、回答者が話しはじめることもある。例えば本書の第二章に登場する李延奎（イヨンギュ）伯父さんは、私が何か質問をする前に「済州島（チェジュド）と言うても……」と話しはじめた。

聞き取ってどうするのかは調査者によって異なる。個人の一生を丁寧に聞き取って記録する場合もあれば、その中で特に、語り手（調査対象者）や聞き手（調査者）が重要だと思った事柄について、掘り下げて分析する場合もある。けれども、生活「史」というからには、一応それなりの時間の幅を持った、語り手の人生の一部を調査の対象にする。個人の場合であれば、時に強調して「個人史」「伝記」（biography）という場合もあるし、ある家族や親族集団のメンバー一人ひとりについて生活史を聞き取り、それらをまとめて分析する場合には「家族史」ということもある。

実は、というのも変な話だが、私はこれまで生活史を書いたことがない。個人史や伝記も書いたことがない。生活史を社会学的に分析したこともほとんどない（英語論文で一度やってみたが、うまくいったかどうか自信はない）。

初めてインタビューで生活史を聞き取ってから一〇年近く経ったが、使おうとしてうまくいかなかった経験ばかりだ。「生活史を書く」というのは、ごく普通の社会調査の方法であるはずなのだが、どうして私はできないのだろうか。

いや、むしろ私にとって不思議なのは、なぜ他の社会学者は生活史を社会調査の方法として用いることができているのか、ということだ。個人の話をどこまで聞けば「生活史を聞き取った」ことになるのか。何人から話を聞けば調査として十分だと言えるのか。語られたデータの中に、本当かどうか確かめられないような話が出てきたときは、どうすればいいのか。過去の経験を聞いて、それを「社会学的」に分析するとは何をどうすることなのか。

そもそもどうして個人の過去の経験を聞く必要があるのか。書かれた資料では得られない何かがあるのか、あるとすればそれはなんなのか。このような問いに明確な答えはあるのだろうか。みんな、このような疑問に対してはっきりと答えを持っていて、それで調査しているのだろうか。それとも、そんなことを考える必要はないのだろうか。

「人生を語ってください」?

まず私が迷ったのは、どこまで伯父や伯母の話を聞けば「生活史を聞いた」ことになるのか、ということだった。

彼らの話は幼少期から始まり、過去の体験と今の問題とを交互に話し、途中で話題が変わり、いつまでも続きそうに思えた。一応そのときは、時系列に沿って体験談を聞き、現在に近づいたところでインタビューを終えることにした。インタビューの途中で明らかに、話が終わりそうなフレーズが出てくるときもあった。しかし、次に会うとまた、知らなかった話が始まる。

当たり前の話だが、例えば「あなたの人生について語ってください」[1]と頼んだところで、その人の「人生そのもの」は書けない（相手のことを知らないのが不自然であるような関係なら、こういう質問ができるかもしれない）。脱線し、繰り返され、相手との関係やその場の状況や駆け引きの中で語られる生活史は、本当は、切ったり貼ったり分析したりするのにはそぐわない。

本当に「あなたの人生」を書こうとするなら、例えばスタッズ・ターケルの『仕事（ワーキング）！』（中山容ほか訳、晶文社、一九八三年）や岸政彦の『街の人生』（勁草書房、二〇一四年）のように、語られたことの断片をそのまま読ませるしかないのかもしれない。しかし、ターケルや岸の作品がどんなに自然に、語られたままのもののように見えても、調査者は語られたことの順番を入れ替え、言葉を補いあるいは削除し、読みやすくなるように手を加えているはずだ。

私たちは、資料に手を加える。そこに議論の余地はない。インタビューを一字一句印刷してみたところで、長々とした、読めない文章ができるだけだろう。[2]

生活史を調査するとき、このような問題にぶつからないのなら、それはどういう場合だろうか。おそらく、誰にどのような話を聞きに行き、どのようなデータが得られれば十分か、前もってある程度は決めているときではないか。論文は、調査者が得たい情報を得るために、手に入れたデータを編集し、切り取り、必要に応じて多様なデータと突き合わせ、見せ方を工夫するものだ。

そう考えれば、生活史調査をするとき「誰にどこまで話を聞けば十分なのか」について、明確かつ共通した方針がないこともわかる。得たい情報が得られた時点で「十分」だと判断できるからだ。そして、何人から話を聞けば十分なのかについても「調査者の知りたい内容について十分だと思われるデータが得られた場合」としか答えられないだろう。三〇人かもしれないし、三〇〇人かもしれないし、三人かもしれない。

ということは、この場合「生活史」という言葉で示されているものは一体なんなのだろうか。もしかすると「人生」ではないのかもしれない。

知りたいこととその方法

生活史を聞きに行くとき、私たちはただ闇雲に、誰でもいいから話を聞きに行くわけではない。私はかなり安易に語り手を探したが、そのときですら一応、聞きたいことは決まっていた。

私たちは誰にどのような話を聞きに行きたいかを決めてから生活史を聞きに行く。知りたい内容が決まれば、誰に聞けば（どこに行けば・何を読めば）それを知ることができるのかも、ある程度わかる。何をしたいのかが漠然とでも決まれば、どこに行き、誰にインタビューを（あるいはインタビュー回答者への取次を）頼めばいいのかも、なんとなくわかる。

このとき具体的な人名が思い浮かぶ必要はない。私の場合なら「大学のレポートを提出するために、自分の生活史をなるべく包み隠さず話してくれる人」「教員が面白がりそうな体験をしている可能性が高い人」を考えたとき、それに当てはまる人として私の親戚が浮かんだ、ということになる。

調査対象者を決めるとき、私たちは自分の調査対象者にラベルを貼る。そのラベルは調査をしようと思い立ってから、その対象者に会うまでの間につくられていく。私の調査の場合なら、例えば「在日コリアン一世」「済州島出身の人」「戦後に日本へ移住してきた人」「夜間中学に通っている／いた人」というふうに。

他方で、調査対象者に出会うまでの過程で、私（調査者）にも同じようにラベルが貼られる。おそらく私であれば「学生」「誰それの姪／娘／孫」といったところだろうか。私たちはお互いに、そのラベルを見ながらインタビューをしたり、答えたりしている。

このようにラベルを貼ることを社会学者の桜井厚は「一定の構え（指向性）」[3]と呼ぶ。この「構え」なるものは「語り手からの反論や抗議、あるいは語り手に対するどちらかといえばネガティヴな感情（戸惑い、苛立ち、驚き、不全感など）」をきっかけに意識化されるものだが[4]、調査者はその「構え」をなくすことはできない。なくすのではなく、「インタビューに際して一定の構えを持っていることを常態であると認め、むしろその構えがどのようなものであるかに自覚的でなければならない[5]」とされる。

何を知りたいのかについての目的がなければ、そもそも調査は始められない。ダニエル・ベルトーというフランスの社会学者が言っている。「私個人としては、「私はあなたにあなたの人生を語ってもらいたいです」というタイプの《指示的な言葉》（最初のフレーズ）を使ったことはけっしてない。これは非常に威圧的である！」[6]特に親しい間柄でもない人にインタビューするとき、威圧的でない質問とはどのようなものだろうか。あなたそのものについてではなく、あなたの体験したこの事柄を知りたい、あなたの持つこの知識を教えて欲しい、そのような質問しかないのではないだろうか。

誰を対象に調査をしたいのか、何について知りたいのか、どのようにして調査すればいいのか、この三つは結びついている。生活史を調査する人はおそらく通常、インタビュー調査や文献調査を中心的な手段にするだろう。その場合、数百人に質問紙を配布して項目を数値化して計量データに変換したり、その場のやりとりにフォーカスした詳細なフィールドノートをたくさんとってエスノグラフィを書いたりするのは珍しいのではないだろうか。つまり、知りたいことが決まれば、それを知るための方法も決まる。

とすると、「構え」はなくすべきものでも相対化すべきものでもなく、ひたすらそれにこだわり考え抜くべきものではないだろうか。「私は何を知りたいのだろう」「私はこの人たちの話の何に惹かれるのだろう」と考え続けることでしか調査は進められないのではないだろうか。

「社会学的」な分析とは何か?

ところが、こうやって得た生活史(つまり、これまで伯父や伯母が体験してきたいろいろな出来事に言及した音声データ)を目の前にして、私は途方に暮れてしまった。というのは、何をどうすれば「社会学」のレポートや論文になるのか、まったく見当がつかなかったからだ。

『最強の社会調査入門』(前田拓也・秋谷直矩・木下衆・朴沙羅編)という本で一度、このときのことを詳しく書いた。

私は伯父のインタビューについてレポートを提出したあと、それを卒業論文でも使おうと思った。そこで、伯父のインタビューを「ジェンダー規範と家族観」という観点で分析しようとした。文字起こしされたインタビューの内容から、ジェンダー規範や家族観を語っているところを抜き出して、概説書や社会学の事典の項目を読んで、うまく説明できそうな部分を当てはめてみた。

次に、今度は「ジェンダーと家族」という内容に関係しそうな箇所を抜き出して、解説してみた。それでもやはり、せいぜい社会学事典の項目に、具体例の詳しい紹介が加わったようなものしかできない。どうしてうまくいかないのかよくわからず、生活史の論文をいくつか読んでみた。しかし、迷うばかりだった。

例えば、インタビューのエスノグラフィを書け、と書く人もいる。別に私はインタビュー中のやり取りに興味はない。インタビュアーはしばしば、調査対象者を差別したり抑圧したりする可能性があるらしい。それを詳しく書けば何か意味があるのだろうか。[7]

少なくとも私の知りたいことはそれではなかった。なぜなら、そんなやり取りを書いたものは、もはや伯父の話ではなくて私の話だからだ。描かれるのは、伯父の半生ではなくその場のやり取りに過ぎない。私は私のことを書きたくてインタビューをするわけではない。私よりも面白く、記録すべき価値のあるものを目の前にして、なぜ私の話をしなければならないのか。

結局このときには、私は答えを見つけられなかった。私はだから、生活史（個人史・伝記）を書くことをいったん諦めた。私が興味を持っているのは、彼らが何を体験し、それは何によって可能になったのかという、経験の条件だった。それを社会学的なものとして書くために、社会学は過去をどのように扱えるのかについて考える必要があった。

過去を社会学する

過去の出来事を語っているデータ（口頭か文書かに関係なく）を「社会学的」にする方法には、いくつかのバリエーションがある。

おそらく最も一般的なものは、操作的な概念を用いて歴史を記述するというものだろう。いわゆる歴史社会学の多くはこちらに入るのではないだろうか。

操作的な概念というのは、例えば社会的役割、ジェンダー、家族、コミュニティ、階級、中心と周縁[8]のような、それを用いることで複雑な現象がすっきりとわかりやすくなり、一定の筋に沿って理解しやすくなるような概念を指す。

あるいは、様々な地域や集団のたどった歴史をパターンとして記述し、相互に比較するというものもあるだろう。いわゆる比較歴史社会学だ。社会学が歴史を扱う場合、つまり通常「歴史社会学」という場合、この二つのどちらかあるいは両方を指すことが一般的であるように思う。

しかし私は、社会学はこの二つ以外にも歴史を扱う方法を探る必要があると思っている。なぜなら、この二つは歴史学もまた（あるいは、歴史学のほうがよりいっそう多くのデータやより精緻な史料批判と考証によって）扱うことができるからだ。

過去のデータを扱う方法の専門家である歴史学者と、そうではない社会学者が同じ問題を探究したとき、歴史学者と同等かそれ以上の技術をもって過去のデータを扱い、さらに抽象的な議論を展開できるだろうか。もちろん、歴史学者をしてあっと言わしめるような歴史社会学者もいる。単に私にその能力がないだけだろう。しかし、少なくとも私には、歴史学者と同じ土台で自分が勝負できるとは思えないのだ。

歴史を扱う方法として、上記二つの歴史社会学以外にもいくつかの方法がある。例えば一つは「嘘」を分析することだ。あるデータ（証言）がある状況で、明らかに実際に起こったことと異なることを述べている。あるいはあるデータの情報がほかのデータの情報と矛盾する。そういう場合に、なぜそうなるのか検討するという方法だ。なぜこの人はこの状況で、この相手に対して「本当」でないことを語っているのか。そのことから何がわかるのか。

こう問うてみると、調査者は次第に、データの真偽というよりもデータ同士の関係を検討する手続きに入っていく。このような調査の例としてはアレッサンドロ・ポルテッリによる『オーラルヒストリーとは何か』（朴沙羅訳）が挙げられる。「嘘」を分析する方法があるなら、「本当」を分析する方法もあるだろう。つまり、歴史研究者はどうやって歴史を書いているのだろうか、と検討したり、ある過去の出来事が事実であるとわかるとき、具体的に何が起こっているのか、と検討したりする方法だ。

歴史が歴史として成り立つためにはどのような手続きが必要とされているのだろうか。何を以って私たちはある過去の出来事を「本当」だとわかるのだろうか。これはおそらく、歴史研究者の関心の外にあり、しかし歴史にとって非常に重要な事柄であるはずだ。このような研究の例としてはマイケル・リンチとデヴィッド・ボーゲンによる『The Spectacle of History』(Duke University Press, 1996、翻訳なし)が挙げられる。

とは言っても、私はこの二つの方法も採らなかった。私が採ったのは、過去の社会がいかにして成り立っていたのかを検討するというものだ。

この場合の「社会」にもいくつかあり得る。具体的な人間集団、例えば都市や村落コミュニティ、エスニックな集団を指す場合もあるだろう。具体的な場面において、何らかの規範や秩序が具体化される手続きと、その手続きを支えている知識や考え(間違った知識や偏見、思い込みも含める)もまた、「社会」と言えるのではないだろうか。

「社会学的」な目の付け所の一つは、秩序や規範がいかにつくられているかに注目するところにある。[9] これは、秩序や規範の存在がけしからん、という話ではない。私たちは常に、色々なやりとりや状況の中で、こうあるべきだ／こうであるはずだという想定を持ち、一定の秩序をつくりだしている。この秩序や規範が、その場に関わっている人々の、どのような知識や考えによって成り立っているのか、その知識や考えはどうやって導かれたのか。こういったことを検討することもまた、過去の社会を検討するという意味で、社会学的な目の付け所ではないかと考えている（それでもやはり、歴史社会学者はいざ知らず、私は歴史学者には勝てないだろうとは思っているが）。

生活史を書く

お分かりのように、この三つの方法はどれも、生活史と直接には関係がない。それどころか、インタビューデータ（口頭で得られる情報）である必要すらない。

個人の体験した出来事を知りたいときには、インタビューするほうが文書を探すよりも簡単で、知りたい情報に楽にアクセスできる可能性が高い。ある出来事に参加した人々がどのように振る舞ったのかを知りたいのであれば、過去の出来事を知るためにインタビューするのは適切な方法だ。

インタビューするから社会学的で、文書を読むから歴史学的である、などという分類にはおそらく意味がない。口頭の伝承を収集して、ある地域や家族集団の歴史を再構成する歴史学者もいるだろう。現代史・政治史研究においてオーラルヒストリーが重要であることは、御厨貴（みくりやたかし）『オーラル・ヒストリー――現代史のための口述記録』（中公新書、二〇〇二年）を引くまでもない。

生活史と口述史の違いはどこにあるのだろうか。ごく大雑把に言うなら、個人のたどってきた人生に興味があるのか、個人が体験した出来事に興味があるのかの違いではないだろうか。もちろん、語り手が何を語っているのか正確に理解するためには、その語られている出来事と、語っている人の知識や規範や経験をある程度、どちらも理解しておく必要はある。

個人の人生は体験された出来事を抜きにしてはあり得ない。体験された出来事は、人生（さまざまな知識や規範とそれを形成してきた経験の集積）を持つ個人によって記録され語られなければ再構成できない。

このような前提に立ってなお、生活史と口述史で一応の区別をつけることはできる。「この人はなぜこのとき、このように決断し、このように振る舞ったのか?」を理解するのであれば生活史、「この出来事は何か?　どうやって生じたのか?」を理解したり再構成したりしようとするのであれば口述史、というふうに。

私は個人の行為を理解するというよりも、過去のある時期に起きた特定の現象と、それを経験することを可能にした条件を、できるかぎり再構成したいと思っている。つまり口述史、それも「口述」よりも「史」により重点を置いた口述史に興味がある。

生活史は生活史であるというだけでは、いかなる先行研究とも結びつかない。何か（例えば国際移住、社会運動、階層移動など）についての、生活史を踏まえたデータか、何かの事件や出来事についての口頭での説明として扱わないかぎり、私には生活史で論文を書ける気はしない。

そういうわけで私は、これまで生活史を書いてこなかった。なぜなら、私が「面白い」と思い意義があると思ったその内容について、先行研究がなかったのだ。在日コリアンを対象とした社会学の研究はたくさんあった。その中には、彼らの住む大阪を調査地にしたものもあれば、彼らの出身地である済州島に焦点を当てたものもあった。

しかし、当たり前だが、それらは社会学や歴史学や人類学の議論を踏まえた、特定の話題についての研究であって、他ならぬ私の出会った彼ら個々人の、ただひとつしかない人生を、まるごと扱うような研究ではなかった。おそらくそんなものは、研究とは呼びえないのだ。彼らの人生に先行するような研究など――どんなに人生の一部しか語られなかったとしても――どこにもない。だから私は彼らの生活史で論文が書けなかったし、今後も書けないだろう。

この本では、論文では決してできない、「生活史を書く」ということに挑戦してみたい。彼らの人生のごく一部を、彼らが選択して語った内容とその語り方は、いったい何を意味しているのか。それを考えてみたい。それはこれまでの社会学の議論に資するところがないかもしれない。だから私は論文ではなく、この本を書かなければならなかった。

私が調査を始めるときに知りたかったことはごく単純なことだった。つまり「なぜ彼らは日本へやってきたのか?」「どうやって移住し、その後どうしていたのか?」ということだ。けれども、彼らの答えはそれに答えるだけのものではなかった。

私は彼らの人生を丸ごと扱えるような、適切な先行研究を見つけられなかったし、そんなものがあるとも思えなかった。ただ記述し記録する以外に、彼らの話を扱う方法はないと思った。

この本では、その問い(「あなたはなぜ日本にやってきたのか?」「どうやって日本にやってきたのか?」「その後どうしていたのか?」)に対する四通りの応答と、そこからはみ出してしまった事柄の一部を書く。それによってもし、これまで論文でやろうとしてきたように、彼らがどのような知識や規範を持ち、それがどのような経験から導かれているのかということも書くことができれば、私としては一番いい。

二つの「正しさ」

最後に少しだけ、「正しさ」について思うところを書いておきたい。つまり、政治的な正しさと学問的な正しさとについてだ。

政治的に正しいこと（例えば、人権の普遍性を信じることや、政治的自由を重視すること）は、私と私の両親、両親の知人友人の中で、とても大切なことだった。私の両親はどちらも、いわゆる「運動」というものに関わり続けている。父親は民族運動、母親は市民運動、ついでに言うと祖父は平和運動。私はそういう運動に関わる、プロだったりアマチュアだったりする活動家の人たちに可愛がられて大きくなった。

私にとって当たり前のことをそのまま言葉にしたら、大人が驚いたり褒めてくれたりする。そういう体験は小さいときからよくあった。私には当たり前のことだったけれども、世の中にはそれを物珍しいと思う人がいるらしい。中学校の半ば頃には、そういうことに気がついていた。

私は名前からわかる通り、明らかに「普通の日本人」ではなかった。私が作文に書いたり、人前で話したりすることはぜんぶ「在日コリアン三世の女」の言葉だった。

私の父親が在日コリアンであること。私の名前が「朴沙羅（ぱくさら）」であること。父の兄や姉たちが（私にとってはそういう親族しかいないのだから、それは普通のことだったのだけれども）どうやら同級生や学校の先生たちにとっては「変わっている」らしいこと。小学校に入ってすぐに、両親に「私ってなにじんなの？」と尋ねたらしいこと。小さいときに民団（在日本大韓民国民団）の子供会みたいなものに入っていた（でも全然なじめなかった）こと。小学校のときに民族学級（学校の授業の中で、韓国語の文字や歌、歴史を学ぶもの）に通っていたこと。私に「朝鮮人なら朝鮮に帰れ」と言った子が、同じように民族学級に通っていた子だったこと。そのことを民族学級の先生は知っていたけれども、私にも（おそらくあの子にも）何も言わなかったし、何もしなかったこと。私の味方になってくれるのは、私と「同じ」人々――同じ苦しみを抱え、だからこの人なら一〇〇パーセント理解してくれるのではないかと期待し、その期待が少しでも裏切られたら深く傷ついてしまう、あの、とても優しい人々――ではないのではないかと、あの頃ぐらいから思っていたこと。

　そういう体験を、少し気取った文章で書けば、私の周りの大人は喜んで、私のことを褒めてくれた。私は子どもの頃から愛嬌がなく、誰にでも対等に口をきき、やたらと喋り、常に何事にも自信満々で、色黒で頑丈で強そうに見えるらしい。どう考えても大人にちやほやされるタイプではない。

でも、政治的に正しそうなことを言えば、私の周りの大人は喜んだ。そういうわけで私はいつしか「大人ってちょろいな」と思うようになっていた。

私は自分の周りにいる、「子ども」「若者」「女性」「マイノリティ」を運動の場で使おうとする、日本人の（特に男の）大人が大嫌いだった。けれども、彼らに嫌われるわけにもいかないと思っていた。彼ら以外に力のありそうな「味方」などいないと思っていたから。そして、政治的に正しくない人々は、私を精神的に、あるいは身体的に、攻撃し傷つける人々であることはわかっていたから。ちょっと大人の喜びそうなことを言えばいい、ただしあくまでも子どもらしさを忘れないで。日本人を糾弾してもいい、ただしあくまでも私の聞き手である日本人が、自分を正義の味方だと思える程度に。誰も在日コリアンである私の話すことに文句なんてつけない。だって彼らは自分たちが政治的に正しいと思えることが何より大事なんだから。そんなふうに思っていた。

私の傲慢な考えは、親族にインタビューし、レポートを書こうとしてつまずき、論文を投稿して突き返され、研究会で議論して叩かれるうちに、変更を余儀なくされていった。

世の中には別の世界があった。そこでは政治的な正しさなど求められていない。なぜなら、政治的な正しさは、常識として身につけておいて当然だと主張することができるからだ。大学では、まだ建前が通りやすい。人権は大事、人は平等、事実が大事、事実を明らかにする手続きが大事。建前万歳。建前が重視されない世界では、私は生きていけない。

その建前の世界で求められているのは、検証されたデータと、それを基にし、かつ先行研究を踏まえた知見、つまり学問的な正しさだけだ。

私が「ちょろいもんだ」と思ったのは、ごく限られた人々に対してだけだった（彼らだって、私が「ちょろい子ども」だから手加減してくれていたに過ぎなかったのだろう。「ちょろいもん」だったのは、彼らではなく、私だった）。私は自分の出自をネタにし続けるわけにはいかなかったし、大人に可愛がってもらう子どもでい続けるわけにもいかなかった。

政治的なことは、私たちの生活の基盤そのものだ。無視するものでもなければ、振りかざすものでもない。政治的な正しさというのは、私自身がいい気分になるために、安易に持ち出すようなものではなかった。そして、私が調査の対象に選んだ人々は、私が他人から攻撃されない文章を書くために、ネタにしていい人々ではなかった。

どんなに出来が悪くとも、論文という形になるようなものを出すためには、政治的な正しさや「読み手／聞き手がいい気分になるかどうか」ではない、別の基準が必要だった。つまり、学問的な正しさが。

誰をどうネタにしていようと関係ない。データから言えることは何か、それは適切な文脈に置かれているのか、この知見はこれまでの研究の何を踏まえ、何に貢献しているのか。論文において重要なのはそういうことだった。私がここで生きていこうと決めた世界で重要なのは、私がこの人たちと一緒にやっていこうと決め、こういうふうになりたいと思った人たちにとって重要なのは、そういうことだった。

だから私は「じゃあ博士になろう」と思えたのだ。大臣になれなくても、博士にならなれる。学問は、その方法を学びその手続きを遵守するなら、誰でもその果実を得ることができるからだ。だから私は断じて、政治的な正しさと学問的な正しさとは違うものだと信じている。もし同じだったら、私は大臣になれないのと同じように、博士にもなれないだろう。

では私は自分の伯父や伯母たちの、どう聞いても「面白い」話から、何を引き出しどこに置き、何を踏まえて何を言えばいいのか。この問題を考え続けて、結局あのときから一〇年も経ってしまった。だいぶ回り道をしたけれども、その間に色々な人から教えてもらったことは、私にとってとても役に立った。

おそらく私が迷ったり考えたり教えてもらったりしたことは、社会学を学ぶ人ならよくあることだろうと思う。ただ、その過程を振り返って書くことで、もしかしたら同じように「面白い話を聞いたけれども、これをどうしたらいいのか」と迷っている人に、何かの役に立つかもしれない。

第二章

誰も知らない

——李延奎伯父さん

李延奎（イヨンギュ）伯父さんは、親族の中で、私の好きな伯父さんだった。伯父といっても、直接に血のつながりのある伯父ではなく、貞姫（チヨンヒ）伯母さん（父の二番目の姉）の配偶者にあたる人だ。何が好きかと言うと、いつも笑顔で穏やかなところだ。

伯父や伯母の前に出るとき、私はいつも緊張する。でも、延奎伯父さんに対しては、緊張する必要はなかった。伯父さんは成績のことなんて質問しない。大声を出さない。けなさない。そもそもあまり話さない。小柄で丸顔で、周囲が大喧嘩していても決して加わらず、一人で静かにお酒を飲んでにこにこしている。難しい話をすることはないが、どういうわけか上品な雰囲気があった。伯父さんは出かけるときにサングラスなんか決してかけないだろう。真っ白なスーツや紫色のアロハも着ないだろう。その代わり、薄い色のシャツを着て、外出するときは帽子をかぶるだろう。そういう感じの人だった。

貞姫伯母さんにインタビューを頼んだら、伯母さんはその場では快諾してくれたものの、実際に家に行ったら「昔のことやったらな、このおじいさんのほうが詳しいねん」と、延奎伯父さんを紹介した。「伯母さん、面倒くさくなったんだろうな」と思ったが、それでも私は、インタビューできるならかまわなかった。

そして伯父さんは、おそらくそれなりに長い間、誰かがやってきて自分のことを聞いてくれるのを待っていたし、伯母さんはそのことを知っていた。

幼少期

伯父さんは数え六歳になったとき、村にある書堂（ソダン）に通いはじめた。書堂とは朝鮮王朝時代に発達した私設の初等教育機関で、伯父さんはそこで漢文の素読や書道を学んだ。

植民地時代に置かれていた済州島庁（チエジユド）は、書堂について「此漢文書堂は今日の教育の眼から見れば、一顧の価値も無いが、是等書堂教師中には頑迷極まりないものもあつて、新教育の施設に向かつて、あしざまに宣伝をやり、公立学校に矢を向けるもののあるは、憫笑の至りである、彼等は国家社会の何物たるか、如何なる考を以て第二の国民を養成すべきか又思想の善導は如何にすべきか等は一切無頓着である」[1]と述べている。書堂は国家社会のために「第二の国民」を養成する学校ではなく、読み書きを覚え、先祖を祀るために学ぶ場所だった。

総督府は一九一八年に書堂規則を発令してその開設に道長官の許可が必要であることや総督府編纂の教科書を使用すべきことを定めたが、その後も書堂の数は増え続けた。

漢文の勉強の仕方はね、食事前にみんな集まって先生の前で、昨日の復習。暗記するなり、先生の前で質問に答えなければならない。そしてその日に習うべきものを少し教えてもらって、それから食事に行け、いうことで。休み時間は食事の時間だけ。で昼まで。昼の食事の時間に休みを取って、また夕方まで、ずっと同じ部屋で。大きな声を出して、体をゆすって、ずっと読んでいく。意味なんか解らなくてもいいねん。とにかく声を出して覚える、ぜんぶ。覚えたら自然に意味もわかってくるちゅうことでね。

――いろんな人が来ていたんですか？

うん、いろんな人が同じ部屋に集まってね、子どもから大人まで。小さいときに習う機会を逃してしまった人は大人になってからそこへ入ってくるわけ。そんで、韓国ではその当時、女の人なんかは論外で、勉強せんでもいい。子ども産んで、家を守って、それが女の責務。

ところが男の場合は、字が読めないというのは、これはもう話にならんわけで、最低でも自分の法事のときに「今日はだれだれの命日です、どうぞ召し上がってください」という決まった文章がある。祭祀（チェサ）のときにそれをちゃんと書いて貼るわけ。だから、それが書けないんではまともな人間でないというわけや。

——勉強ばっかりですか？　遊んだりしなかったんですか？

遊ぶいうたら、夕方その書堂（ソダン）から解放されて、家帰って夕飯食べたあとにみんな集まってきて、それしか遊ぶときない。広場に集まって、隠れん坊をしたり。あと「ハヤシ」いうて、ベースが三つの野球もやった。ボールも何もないからボールをつくってね。例えば、豚を殺したら膀胱（ぼうこう）というやつがあって、それ出してしもてから空気を入れて、丸い毬（まり）をつくって、そんなんを蹴って遊ぶ。サッカーやね。　（インタビュー、二〇〇七年一〇月四日）

書堂から小学校に進学し、卒業したあと、伯父さんは一人、中学校に進学するため済州を出る。後年、彼が勤めることになる小学校の教職員名簿によれば、彼の最終学歴は「松汀（ソンジョン）工業学校卒」だ。学校については調べられなかったが、「松汀」という地名は現在の光州（クァンジュ）広域市光山（クァンサン）区に見える。

中学校を卒業したあと、伯父さんは大邱（テグ）まで行き試験を受けた。本人の記憶では、兵隊になるための身体検査と筆記試験だった。筆記試験は何も書かずに出せば〇点になり、それが拒否の意思表示でもある、と伯父さんは述べた。無事に卒業し、兵役にもつくことなく、伯父さんは済州島に戻った。一九四二年のことだった。

日本一の教育者

済州に戻ってほどなくして、伯父さんは翰林面帰徳里（ハルリムミョンキドクリ）の小学校教員になる。何かの資格を持っていたわけではなく、その小学校の校長が伯父さんの弟を個人的に知っていて、教員にならないかと誘ったのだそうだ。現在の翰林小学校に保存されている教員名簿を見ると、一九四五年から一九四七年まで、確かに伯父さんの名前、地位、本籍地、年齢、最終学歴が確認できる。

> 冒険小説とか色々読んで、できないことを考える。しかもやっぱり上を望んでね、日本一の教育者になろうと思ててん。広島の高等師範かどっか行って、て考えてたな。教育学で有名なとこがあってん、広島に。
>
> （同前）

伯父さんは子どものときから日本語が得意だったらしい。警察官と村人との間で通訳をして大人に褒められたこと、中学に進学して初めて「陸地（ユッチ）」（済州の出身者は朝鮮半島のことをしばしばこのように呼ぶ）に行ったら、まだちょんまげを結っている人がいて驚いた、済州には日本との往来があって文化があったが半島は遅れていた、というようなことをインタビューの間に回想している。

裕福な家に生まれ、それなりの学歴を持ち、一七歳にして教員になった彼が、日本への留学を夢見ていたのは、それほど不思議なことでもなかったのかもしれない。

やから結婚する意思はまったくなかったけど、親父がどうしても自分の死ぬ前に結婚させるんやって、二〇歳ぐらいのとき。親にも言うた。自分はやりたくないけれども、あまり無理やり言うから式は挙げるけれども、これは臨時って。親も黙って、わかった、って。

（伯母）せやねん、このおじいさん、結婚してはってん。私よりずっと前にな。私まだそのとき子どもやし。

誰も知らん間に式を挙げた。自分の家で式を挙げてね、車一台チャーターして、ちゃんと記念写真なんか撮ってね。服は向こうの決まりの服がある。だいたいは馬に乗ってするもんやけど、僕はもう新式にね、車。（同前）

しかし、結婚生活はすぐに終わった。本当かどうか確かめる術はないが、その理由は伯父さんの側にあった。「僕が、三十何歳までは結婚生活をしないから、その間、待てるかって言うた。そしたら女は、そら向こうで女が三〇なるまでいうのは、こら無理やというので一年もたたんうちに再婚していきおったわな」

伯父さんは講師として、音楽以外の科目をだいたい担当した。児童の数も多く、運動会はお祭りのようだったと回想する。校長は日本人であり、教員は朝鮮人のほうが多かったが、日本人の教員もいたらしい。

校長先生は偉い人やから、軍関係・警察関係、なんでも相談できる人やってん。私はあの人の恩恵がむちゃくちゃ大きかった。

——はい

だから特別な配給をね、当時は酒だろうがタバコだろうがぜんぶ統制やから、特別な人でないとそんなもん手に入らへん。例えば履き物とか運動靴とかも自分では買えないわけで、ところが学校におったらちゃんとそういう特配もぜんぶあたる。

——へー。そういうもんですか

で、それを誰かにやったら喜ばれる。せやから私の担当してる子の親が頼みに来るわけよ。これをちょっとやってくれって。全員にはあたらんからね、担任の先生が適当に配布するからね。せやからええ顔できた。（同前）

教員としての職務の中には、児童に朝鮮語を禁止することも含まれていた。一九四二年から、朝鮮半島では総督府の指導の下、「国語常用運動」が始まった。これは一九三八年の第三次朝鮮教育令公布以降、朝鮮半島内で広く展開された、日本語の使用を強制する政策である。ここには『国語教本』の普及、各地の小学校（国民学校）における「国語講習会」の実施、「国語常用家庭」の表彰、そして朝鮮語常用者への罰則などが含まれる。

僕が教師になった年［一九四二年］から朝鮮語が学校で禁止されたんや。だから子どもたちは家帰っても朝鮮語使たらあかんねん。

――はあ

バッジ渡しといて、取られるんや。子ども同士でも、［朝鮮語］使うのばれたらバッジを取り上げる。取った奴が先生に報告するわけや。すると誉められる。（同前）

ここで語られている「バッジ」によく似た取り組みは、国語常用運動で採用されたさまざまな取り組みによく似ている。

例えば、咸鏡北道（ハムギョンブクド）の小学校では児童間の会話や「国語」のわかる人との間で「国語」を使わなかった場合、「国語常用表」に×印がつけられ、「国語常用違反章」を首から提げなければならなかった。この「違反章」を提げたものは、ほかの違反者を見つければ自分の「違反章」をその違反者の首に提げさせることができた。[2]

「解放」と「敗戦」のあいだ

一九四五年八月一五日、ポツダム宣言を受諾したという天皇の発表が、ラジオで放送された。当時の私ははっきり、伯父さんはそのことをその日に村で聞いて、日本の敗戦と植民地支配からの解放を祝ったのだろうと思っていた。しかし、実際のところはもっと静かで、もっと複雑だった。

——日本の敗戦はいつ、どうやって知ったんですか？

ラジオなんかないから、噂で知った。何も知らんと学校に行って、校長先生もちゃんと校長室に座っとる。

——はい

何も言わない。そのあとに「日本の敗戦を」知ってん。校長先生は毎日弁当持ってきて、校長室にじーっと座っとる。それから自分の書籍なんか、校長先生はたくさん持っとってね、そんで「欲しいもんあったら取れ」て。ヒトラーの自伝とか、戦時中はそんなん欲しかったんや。ところが戦争終わったから、ヒトラーとかそんなもんはなんも役立たへん。

――ふふ

辞典なんかはちょっとぐらいもろたけどね。

――日本が負けたって知ったときの気分は、どんなでした？

やっと解放されたいう気持ちはあったよ。戦争中やったから。

――え、その解放っていうのは、日本からの解放ですか？

いや（笑）、やっぱり私には自責の念があるでしょう。日本人になれと教えた。だから、どうしても表に出るわけにはいかんわ。

——校長先生なんかは一五日のあともずっと済州島（チェジュド）にいたんですか？

ずっとおった。日本が負けたということで、僕らは八月二〇日ぐらいになって、朝鮮人の先生たちが集まって、これからの教育をどうしようかということを朝鮮語でみな言い合った。

——朝鮮語で

それでも校長先生は黙って座っている。で、最後に校長先生が別れの挨拶をしおったわ。あとになって、いよいよ引き揚げるときにな。「日本はもうアジアの指導者としての地位を失のうたから、これから朝鮮の皆さんが指導者として頑張ってください」。そういう挨拶をしおったな。

――なにそれ

引き揚げのときは、言うてくれたら手伝いでもしようと思うけども、なんにも言わずに、朝来たらもう、なんもなく、跡形もなくきれいに引き揚げてしもた。

――へえ

やっぱり日本人同士の連絡があったんだな。あの人らは電話もラジオも持っとったから。それきり縁が切れてしもたな。またええ先生がいっぱいおって、私はほんまに会いたいと思うけれども、会うことはできなかったわ。

――そやったんですか

ここ［日本］へ来てから、郵便局長になってるとか、村長さんになってるとかいう話は聞いたけれども、直接会ったことはない。翰林（ハルリム）におった兵隊たちも一斉に引き揚げていったわ。挨拶もなし。そのまま、いつの間にかいなくなってしもてね。

（同前）

三・一ストライキ

解放直後の済州は、大きな混乱の中に投げ込まれた。日本からおおよそ六万人が引き揚げてきたが、同時に、それまで島の経済を支えてきた日本からの送金も途絶えた。さらに一九四六年には麦の凶作、同年夏からはコレラが流行した。[3]

このような混乱の中で、済州島民から広範な支持を受けた政治機関として台頭してきたのが、済州島人民委員会だった。解放直後の政治的な空白期間、日本の降伏時から米軍の進駐時までのおよそ三カ月間に、済州島各地で地域の名士を中心に建国準備委員会が組織され、九月には人民委員会として再組織された。

南朝鮮各地の人民委員会が植民地時代に独立運動に関わって弾圧された経歴を持つ左派人士を中心としていたのに対し、済州島人民委員会は左派色が比較的弱く、地域に根ざした自治組織として「下からの積み上げ方式[4]」によって結成されていったことに特徴があるとされている。

で、朝鮮が独立するためにはやっぱり共産党支持者が固まらんとあかんて。だから終戦なったらすぐ、朝鮮共産党系の指導者がばーっと表に出てきて、全島アカ一色やった。だから僕らもみんなそっちへなびいた。もう、ちょっとでも字が読める人はぜんぶ。だから徹底して共産主義の勉強してる。ぼくももう、めっちゃ本を読んだわ。

――勉強会みたいなものがあったんですか？

もちろん。組織の班が、「セッポ」言うてな、日本語やったら細胞やな。

――ああ、細胞

そういう組織があって、五、六人から七、八人。下っ端でね。そういう組織があって、しょっちゅう勉強会。上から指令があって、もう徹底しとった。だからそれが真実だ、真理だと思って。とんでもない間違いだった。

――え、間違い？

だからあのときに、その会の中で、自分が先頭に立って死ぬんだという希望者が、ほんまになんぼでも出てきとった。だから「お前は子どもも嫁さんもおるじゃないか、俺が行く」て言うたり。先を争って自分が先頭に立つ言うてね。『資本論』とかそういう難しい本を一生懸命読んで、これこそ真理だと思って。（同前）

一九四五年から四六年にかけて、米軍が進駐した北緯三八度線以南の地域（南朝鮮）では、米軍と左右の政治勢力が折衝・衝突・交渉を繰り返し、政治的に混乱する時期が続く。激しいインフレーションや米軍政の食糧政策の失敗が引き起こした食糧不足、植民地時代の警察・行政機構が温存されたことなどへの反発から、一九四六年一〇月には、大邱（テグ）を中心に二五万人が参加する大規模なデモや暴動、いわゆる「十月抗争」が発生している。

十月抗争後、各地の人民委員会は強制的に解散させられ、あるいは警察によるテロを受け、ほとんど活動を停止する。一九四六年一一月、朝鮮共産党は南朝鮮労働党

（南労党）に改編し、済州にも南労党済州委員会が結成される。伯父さんも南労党に入党し、勉強会や各種委員会の結成といった活動を続けた。

ほんで、ストライク言うてね、学校・警察・官公庁すべてが李承晩（イスンマン）政府に反対する運動を起こしてん。

――はあ

何かデモ隊の子どもが殺されたことがあってね。それをきっかけに因縁つけて、韓国だけの単独選挙が行われたら、こら大変なこと。これは朝鮮を分断することになるから、絶対反対やというのが、［南］朝鮮労働党の主張やった。ほんでぜんぶがそうやそうや！　言うてん。済州の八〇パーセント以上の人々がそういう考えやった。三・一ストライク言うんや。（同前）

一九四七年三月一日、第二八周年三・一節記念済州島大会が開催され、済州邑（現在の済州市）内だけで二万五〇〇〇人が参加した記念行事のあと騎馬警官の馬が幼児を蹴ったが無視したことをきっかけに、デモ参加者と警察との間で衝突が起き、恐怖に駆られた警察隊が無差別に発砲した。その発砲で六名が死亡、六名が重傷をおった。

その後、警察側はデモ隊に対する発砲については治安維持のための正当防衛であると発表し、逆に翌二日から三・一節記念行事実行委員会の幹部や関係した学生たちを逮捕しはじめた。これに対抗して、南労党の主導する全島ゼネストが決定される。

三月一〇日、済州邑にあった道庁をはじめとして各官公庁がストライキに突入した。それは官公吏だけにとどまらず学校教員、学生、銀行、通信機関、運送業者、工場管理者、労働者、米軍政庁の通訳までが参加し、瞬く間に島内各地へと広がった。

三月一四日付の道内新聞「済州新報」は、翰林面（ハルリムミョン）で面事務所、小中学校、金融組合、郵便局、面内にあった澱粉（でんぷん）工場がストライキに参加していると報じている。商店などの個人店舗を除いても、島内一六六団体、四万一二一一人がストライキに参加したという記述もある。[5]

なお、ここで伯父さんは「韓国だけの単独選挙が行われたら、こら大変なこと。これは朝鮮を分断することになるから、絶対反対やというのが、［南］朝鮮労働党の主張やった」と述べている。確かにこの事件から一年経って、南労党は南朝鮮の単独選挙に反対し、それが済州四・三事件の根拠となっていく。しかし、一九四七年三月一日のデモとそれに続くストライキの時点で、単独選挙反対という理念が、はたしてどれほど済州島内で広がっていたのかはわからない。

伯父さんの逮捕

三・一節デモ事件とゼネストに対して米軍政は調査団を派遣したが、三月一三日、公式の発表が一切ないままに済州島を出立してしまう。その翌日、米軍政警務部長・趙炳玉(チョウビョンオク)が来島した。彼は三月一四日に済州島に上陸するとストライキ中の道庁を訪問し、ストライキを直ちに中止しなければ法によって処断すると威嚇した。

翌三月一五日、全羅南道(チョルラナムド)から一二二名、全羅北道(チョルラブクド)から一〇〇名の警察が派遣された。趙炳玉は彼らにゼネスト首謀者を検挙せよという命令を下す。趙炳玉が翰林面事務所に現れたのは三月一六日。翌々日の一八日にはストライキに関連した逮捕者が二〇〇名にのぼり、ゼネストは収束に向かう。

三月末には逮捕者が三〇〇名を突破し、四月一〇日には五〇〇名を超えた。[6] 伯父さんもこのときに逮捕されたのではないかと考えられる。

そのときに僕もそのグループで連絡会があってね、村役場やな。事務所にみんなで集まって話し合うとった。そのときは機動隊も警察も絶対入れまい、絶対協力しない、済州警察にも水の一滴も飲まさない、自分らが絶対勝つんだと思っとった。

——はい

ほんで、そこで何か話し合いをしとったら、聞いたこともない警察がぱーっと包囲しおった。銃を持ってな。何もできんうちに包囲されてしもた。そのとき、逮捕されてん。

——おお。ほんで、それで、裁判にかけられたんですか？

私はそこの地域の代表者みたいになってたから。もう一人おったけれども、あれは自分の兄さんが判事をやっている人で、だからそいつが弟の身柄を引き受けてしもたから、僕一人が残ってん。

――はあ　　　　　　　　　　　　　　　　　　　（同前）

ゼネストに関連して、一九四七年四月三日、済州地方審理院の法廷で軍政裁判が始まる。四月一〇日には五〇〇あまりの連行者のうち二五八名が釈放され、残りの二六〇名が軍事裁判にかけられた。伯父さんは後者になった。

だから逮捕資格もない逮捕やったから、裁判になったときにな、「教師が自分の担当する生徒を集めて、何が不法集会や」て、そしたら「お前反論するか！」て言われてん。

――ん？　集会？　って何がですか？

だから、僕の罪がそうやねん。毎日学校へ行って授業してるから。けれども検事はそれを不法集会やと言うから、「学校の教師が生徒を集めてなんで不法集会や」と言うた。

——うわすごい

で僕がそういう発言をしたために、反抗やいうことで、普通は執行猶予がついとった、ところが私は一〇カ月の刑を受けた。一番軽いのは六カ月やったのに、それを私は一〇カ月や（笑）。

——へー

黙ってね、弁護士に従えばよかったのに。その反論をしたために、新聞にも大きく載った。（同前）

息も楽にできない

この裁判において、被告人の多くが「無許可集会」「無許可示威」を理由として処分されている。延奎（ヨンギュ）伯父さんが刑を下されたのは四月二八日のことだった。

その日の「済民日報」によれば、判決が言い渡されたのはその日の午前九時四〇分。法廷は「様々な推測と憶測で緊張し、傍聴人で超満員」だった[7]。この新聞記事に伯父さんの氏名を確認できる。彼に下された刑は体刑八カ月。刑を受けた五七人と共に、木浦(モッポ)の刑務所に送られた。

――伯父さんは刑務所から出て、すぐ日本に来られたんですか？

何カ月かおって、すぐ日本へ出てきた。

――えーと、それは四・三事件の前ですか？　一年入ってはったんやったらすぐ前。直前。四・三事件は私の出てきた年に起こった。だからあのとき遅れてたらいまごろはおらんわな。

――ほな刑務所から出て日本へ来るまでは何してはったんですか？

なんもしてない。でも済州島は全体としてアカで、労働党の支配下にあったからね、徹底的に戦うんや言うて山に登っていくわけや。だけど私は、四方囲まれた島国で、なんぼ山いうたかて包囲されたらしまいやないかと、絶対勝ち目ない言うて反対した。弟が日本へ行く言うたときに、「絶対負ける、負ける戦に参加するな」言うて、そんなら自分は日本へ逃げるんだ言うて。

——はい

私も組織から誘われてな。何回も一緒にやろうと言われたけど、刑務所で体傷めて、参加しなかった。刑務所でいろいろあったから。

——あー、なるほど……

で、山へ入ったって勝ち目ないでしょう。だから誘われたけど、それを口実にして参加しなかった。で、こっち出て来たら四・三事件が起こってね、わしを誘った友達みんな殺されとる。（同前）

済州島では、米軍の支援を受けて着任した新知事・柳海辰（ユヘジン）のもとで強硬な穀物徴収政策と左派の弾圧が進められた。彼については米軍でさえ「柳が独裁的な方法で政治理念を統制しようとしていること、これによって左派は地下に追いやられその活動は一層危険に変貌し、その数と同調者は増加している」[8]と評している。西北青年団（ソブクチョンニョンダン）（朝鮮北部地域の社会主義化と親日派処罰政策の進展に伴い、三八度以南に逃れてきた右翼青年による反共団体）[9]の横暴な行為は島内各地で繰り広げられ、半島部から大量の警察が増派された。

これらの強硬な政策や警察の横暴は、かえって島の南労党員を急進化させ、蜂起に向かわせていった。具体的な日時やその様子は研究が進められているが、一九四八年三月一五日、南労党済州委員会は「第一に組織の守護と防衛の手段として、第二に単選・単政（単独選挙・単独政府）反対の救国闘争の方法として、適当な時期に全島民を決起させる武装反撃戦」を決定する。

これが翌月、一九四八年四月三日から始まる「済州四・三事件」の発端となる。伯父さんが地元に帰ったのは、まさにこの決定から四・三事件勃発までの時期だった。

帰ってみたら、侵略軍と戦うんだと言うてね、山に入って、みんな山ごもり。お米がないから豆を煎(い)って食料にしてね、警官隊、派遣隊と戦うんや言うてね、

飲み物だとか食料だとか、そらぜんぶ女性部隊や。（同前）

インタビューの際、伯父さんはこのときの一カ月ほどの期間を、人生で最もつらい時期として回顧した。

身動きもできない。監視の目が怖いから。息も楽にできない。

──はい

だから、「早いこと逃げなあかん」ということばかり考えて、日本のお金を集めて、砂糖とかなんや、こっち［日本に］来てひょっとしたら金になるかも知れんようなものを集めて、出てくることばかり考えとった。どこへ行くときでも、見知らぬ人が来たら「あれは警察じゃなかろうか」と、戦々恐々、いつも。

──うん

どこも行かれへんしね。それが一番つらかったね。　（同前）

運を天に任す

一九四八年三月、伯父さんは日本へ向かう船に乗った。かなり長いけれども、そのときの様子を、インタビューからそのまま引用する。

——どうやって日本へ来はったんですか？

密航船でね、小さな船で。噂でどこそこにどういう船があるいうことがわかるわな。それで申し込むわけや。頼むんや、乗せてくれって。お金なんぼや言うたらその金用意してね。

——お金要るんですか？

相当高い金を取られるわな。

——そうなんや

それに行くいうたら同情されてね、「弁当でも買え」って恵んでくれたりする人もおって。親しい間柄の人には逃げるんやって言うやろ。

——はい

したら励ましてくれて。気いつけて行けとかなんとか。ほんで、いよいよその、決行の日。私の親しい人が一緒やから、その人は詳しいから、何時ごろどこへ集まれ、て。大きな鞄に、食べ物とか衣類とか持って。真っ暗い晩やった。鞄が邪魔なるから、そのまま放ってもうた。

——ほな何も持たずに？

何も持たずに。ポケットに五〇円かなんぼか持っただけ。運を天に任すという気持ちやな。ほんでいよいよ船に乗り込むいうことなったら、船まで海のところを歩いて行かなあかん。ぜんぶ濡れるわな。

——はあ

そんでも小さな船やから、へりのとこちょっとまたいだらすぐ乗れる。ほんで中見たら、足の下に人がいっぱい座ってんねん。船室に。だから、入り切れへんから船べりに座った。もう命がけでみんな逃げるからね。

——えー、ほな、えっと、船の中にはどういう人がいたんですか？

全然知らん人ばっかり。とにかく暗いところ見たら頭ばっかりずらーっと。割り込むことができひんからわしは船べりに座った。で、密航を防ぐための警備船があるわな。だから警備船に見つからんように、船長頼んますわいうことで、命を預けるわけや。そんでその船が動き出すと、ばーっと波が胸にかかってくんねん。

――うんうん

しぶきが。うわ、大丈夫かなって。居眠りしたらもう終わりや。落ちてしまう。やから一睡もせんと。

――ずっと座って

ほんで、あれどこかな？「警備船や！」って。みんなで押し合いへし合い船底へ入ったわけ。もうほとんど重なるみたいにして、うようよ。甲板に蓋してしもて、息を殺して、靴音がしたら「ああ、上に来とるかな」てびくびくしとったけども、無事通過して。

――はい

警備船が実際に臨検したかどうかは知らんけども、もう大丈夫やいうて。ほんで何日か航海してね、着いたんが熊本のどっか小さい港やってん。熊本まできたら、同行の人が、靴なんかきれいに拭いて、すぐ密航者と見分けがつかないように、いずれにしても山やから、ずっと歩いたんや。

――へー

家々の明かりが見えたり、ラジオが聞こえたりして、「ああ、人の住まいがあるなあ」て思て、ずっと歩いてん。朝方なったら村の人たちが出てきて、道路の修繕工事やな。働く人がいっぱい出てきとった。

ほんで私たちのリーダーの一人がね、達者な大阪弁でね、「ハイキングに来たけど迷子になってしもた」と。大阪におった人たちやから。すると日本人はほんまに親切でね、駅はこういうふうに行きなさいとか、こういうふうに行けば熊本駅に行けると。ほんで無事通過してん。交番近く行ったら、経験のある人が「あ、ここ行ったらあかん」て言うて。

――ふんふん

熊本駅前に着いてみたら、やっぱり闇市の朝鮮人がいっぱいおったわ。そこで仲間たちがお金を出し合って、そこで食事をしてん。そこで食べて、九州の知り合いがおってね、仲間の人が。で、そこ一緒に行こうて。で、九州の大分いうところに行ってん。

――ほな熊本から大分に

したら親切に迎えてくれてね。初めてその、銭湯に行った。

――え、銭湯に行かはったんは初めてですか？

初めて、人間らしく（笑）。いろいろなご馳走も出してくれて、そんで、そこで一晩ゆっくり泊めてもろて、そんでそれぞれの目的地へ向かうわけ。

――へー、ちゃんとそういうふうになってるんや大阪へ来るのに五〇円ぐらいしか持ってなかったけどね。だけど九州から別府で連絡船乗って大阪着いてからね、市電に乗るわけやけど、二人か三人一緒におって、私の行きたいところは布施まで。布施に知り合いの人がおったからね。そこを訪ねた。

――それから?

訊いたんやな。「布施にはどうして行きます?」て。歩いて行けるか言うたら行けるって、ほな歩こうて。雨が降ったし、帽子は中まで濡れて。密航者やと見つかってしまうんやないかとびくびくしながら歩いて(笑)。

――ふふふ

でお金は五〇円ぐらいと。砂糖はちょっと持っとったかな。当時は砂糖も配給でなかなか手に入らんから、どっかタバコ屋でもどっかで買ってもらおと思て。

——あ、なるほど。そうなんや

で、布施まで来たところで、目的の家は見つからん。うろうろうろうろして、濡れた帽子も捨ててしもて、ほんで終いには、やっぱり冒険が好きで、ホテルか旅館に行こうと。金はあとからやいうて泊めてもらおうと（笑）。

——めっちゃ冒険ですね

実際、旅館探してたらあったから、入ろうかってしてるときに、人に会うてんや。その人に、たまたま朝鮮人やったからね、こういう人知らんかて言うたら、知らんけどこの住所やったらここやて教えてくれてん。

——え、ラッキー

やっとこさ昼過ぎにね、目的地に着いたわけ。それが出発ですわ。

（同前）

残された人々のこと

大阪についてすぐ、伯父さんは親族の知人の家に住んだ。最初は民族学校の教員の職に就いたがすぐに辞めた（遠足で近鉄あやめ池遊園地には行ったらしい）。済州島（チェジュド）の状況については、新聞で詳しく知っていた。

済州島出身者の多い大阪では、四・三事件についての報道も多く、追悼集会もしばしば行われていた。四九年には一月から三月まで、生野（いくの）、今里（いまざと）などで追悼集会や報告会が行われているし、四月から六月にかけて『解放新聞』や『民青大阪』などの新聞に虐殺者の家族が談話を載せたり、済州島の惨状が報道されたりしている。[10]

> ［済州の］僕の家にも何人か来とったらしい。でもやっぱり、かくまってやって飯を食わしたら、こそこそと隠れて出ていく。そういう状態が何年か続いたけど、それはいつまでも続かんわな。
>
> （二〇〇七年一一月二九日）

伯父さんは家族を置いて大阪に来ていた。伯父さんの父親はすでに他界しており、母親と弟が二人済州に残っていた。

すぐ下の弟は「山に入る」、つまり四・三事件にゲリラとして参加しようとしたが、途中で計画を変え、ソウルへ行く。朝鮮戦争のときまでは連絡が取れたが、そのあとに三八度線を越えて北に移動したのか、連絡が取れなくなった。

家に残されていた末の弟について、伯父さんは次のように述べている。

　あのとき、南鮮はめちゃくちゃなことをしおったんや。例えば、済州でも西北青年団(ソブクチヨニヨンダン)いうて、暴力しか知らない。済州島の人々は、あの当時みんな小学校ぐらいは出とったけども、あの人らは学校も何も出てない。そんなんが、警察官だとかなんとか、済州島でめちゃくちゃをするわけ。

　そいつらに徹底的にいじめられた。むちゃくちゃ悪いことをされた。だからあの子［末の弟］も、兵隊に行ったわけでもなんでもないのに、捕まえて、これは暴徒やいうことで、巨済(コジェ)という島に軟禁されたということまでは知っとったけど。

——すいません、ちょっと待ってください。山に行く言うてたのは、上の弟さん？

上の弟が山に行く言うてん。

――ほな三番目は二番目を追っていく途中に捕まった？

そう、兄貴を探して行くんやて行ったけど、結局途中で捕まってしもて。あれは軍人でもなんでもない。村の女の子がそれ見て「行ったら殺される、行くな」て言うたらしい。「悪いことしてないのになんで殺されるんや」て［弟が］言うたんが最後や（ここからしばらく泣き声）。

――ううん

巨済島でもまた反乱がおきてね。その、それを皆殺しにされたらしいんや。そのときに弟は殺されたと思う（ここからしばらく泣き声）。何して死んだかも全然知らん。

（二〇〇七年一〇月四日）

「逃避者（トビジャ）」となって

大阪に来て数年の間（具体的にはよくわからない）、伯父さんは農家から米を買い付け、闇市まで運んで対価を得る仕事をしていた。その際に一度、警察官に尋問されたことがある。そのときの記述を検討したい。

ほんでまた敦賀駅［福井県］で止められてね。五升か六升しか持ってなくて棚の上に置いたら、「これ誰のや」言うて、「私のや」て言うたら、それぐらいでどうかなるとは思ってなかったので言ったら、これはヤミやいうことで、降ろされたんが敦賀駅や。ほんで結構そこで裁判なってね。裁判のときに「韓国では教師をやってて「日本人になれ」と教えたから、民族反逆者となって追われる身になって日本に来たんや」言うてん。判事が朝鮮のことあんまり知らんからね。ほんで、「今日はお米は買い上げて、料金払うから、それ持って帰って、法律守ってくださいね」て。一晩泊まって帰ってきた。

（同前）

この会話が本当に行われたのかどうか、確かめる術を私は持たない。伯父さんは裁判にかけられたわけではないだろう。弁護士もなく、即日その場で裁判が行われるとは考えにくい。おそらく、伯父さんとやりとりしたのも判事ではなく、警察官ではないだろうか。伯父さんは強制送還されてはいないので、釈放されたことは確かだろう。米を警察官が買い上げたかどうかはわからない。

もう一つ明らかなことがある。もし仮に、伯父さんが警察官に対して「韓国では教師をやってて「日本人になれ」と教えたから、民族反逆者となって追われる身になって日本に来たんや」と言ったのであれば、これは嘘だ。

確かに彼は小学校で講師として働いており、その際に児童に日本語の会話を強制したことがある。しかし彼はそのために民族反逆者として追われる身になったわけではない。

延奎（ヨンギュ）伯父さんが「追われる身になった」のは、彼が南労党に入党し、出身村で済州の全島ストライキを指導したからだ。さらに正確に言えば、彼は追われたわけではない。逮捕された経験から、自分たちには「勝ち目がない」と考え、同志たちだけでなく弟たちや母親も残し、一人で大阪へ「密航」したのだ。以上のことは、彼のそれまでの生活史の語りから明らかだ。

ではなぜ、伯父さんは警察官に自分の身の上をこのように語ったのか。ここからは推測になるが、「日本人になれと教えたために、韓国にいられなくなって、日本へやって来ざるを得なくなった」という筋は、例えば「南労党員としてストライキを指導したため、故郷にいられなくなって、日本へやって来ざるを得なくなった」という筋と比較した場合、日本人たる警察官に与える印象はまったく異なっているだろう。後者の筋を語っていたのであれば、伯父さんは即刻、強制送還されていたはずだ。

彼はその当時まだ外国人登録証明書を持っておらず（一九四七年五月二日に外国人登録令が公布・施行されており、外国人登録証を持っていない者は不法入国者とみなされる恐れがあった）、彼の身元を証明するものはこの時点で何もない。

このころ島根県や鳥取県では、警察だけでなく地域の消防団・漁協などが「不法入国者」を発見し逮捕しようと努めていた。闇市まで米を運ぶ朝鮮人、しかも外国人登録証を持たない若い独身の男性を尋問したとき、その男性が「不法入国者」ではないかと警察官が想像したとしても不思議はないだろう。

しかし、伯父さんは送還されなかった。米を買い上げられたかどうかはともかく、ひと晩尋問されただけで大阪まで帰ってこられた。彼は自分の経歴の中から情報を取捨選択して、日本人の警察官にとって最も受け入れやすく、かつ良心の呵責を呼ぶような筋をつくりあげ、おそらくそれなりの迫真をもって自らの身の上を語り、望む結果を引き出した。そしてその試みはおそらく成功したのだ。その意味で、このエピソードは成功譚である。

しかし、このエピソードを語る間、伯父さんは涙声になった。伯父さんが生活史を語る際に泣いたのは三回。南労党に入党し、先を争って自分が死ぬと語り合ったエピソードを語ったとき、末の弟の最期を予想したとき、そしてこの敦賀駅でのエピソードを語ったときだ。末弟の最期を語るときに涙が流れるのは、兄として不自然なことではない。労働党員として活動していたときを回顧し、仮に自分が愚かだったと悔やんで涙を流したのだとすれば（私は伯父さんを愚かだったとはまったく思わないが）、それも納得はできる。では、この敦賀駅でのエピソードで伯父さんが涙声になったのはなぜだったのだろうか。

伯父さんは、日本や日本人なるものに対していい印象を持っていた。彼は小さいときに自分が警察の通訳をしたことを自慢する。若いときは日本に留学したいと思っていたと話す。小学校の教員だったときも、彼は日本人の先生や校長を立派な人たちだと思っていた。彼らが伯父さんにも、ほかの朝鮮人の教員たちにも何も告げず、こっそりと逃げ出したあとでも。

だから、皇民化教育をしたことも、その当時としてはおそらく当たり前のことで、反感を抱きながらも仕方なく従った、というわけではなかったのかもしれない。

しかし、教員として皇民化教育を行った経歴は、彼をしてほかの朝鮮人から糾弾されるのではないかという恐怖を抱かしめた。

彼は朝鮮人の官吏が、村民たちに祭祀（チュサ）の食器や食料を供出させようとしたことを語る。解放後に最も憎悪され攻撃されたのは、日本人ではなく、そのような朝鮮人だったことも。

同じ済州島の人でも官庁に勤めているひとはむちゃくちゃ威張るからね、官尊民卑、言葉だけでなく、朝鮮ではもうひどいものだった。

――かんそんみんぴ？　あー

例えばその、供出いうてね、国に今年取れた作物のほとんどぜんぶ、九九パーセント取り上げてしまう。それを、どこかに隠したものを引っ張り出すのはやっぱり朝鮮人の役人たちや。ほんで、目上の人でも役人たちは平気でほっぺたをパチッと。やからお互い、自分の出身の村には顔出しにくいから、他所へ交替で行く。

――はあ

同じ民族同士、そんなことまでやらされとった。

（二〇〇七年一一月二九日）

翰林面（ハルリムミヨン）の面長［日本の村長に当たる］さんも、［朝鮮の解放後に］若者たちが来いと言うたら、ちゃんと背広着て、殴られるつもりでね。あの人はもともと警察官で面長なった人でね、どうして財産をこしらえたか知らんけれども、学校には備品なんかいっぱい寄贈してね、あの人の名前をみんな刻んで、それとおぼしきものは皆、あの人が贈ったものや。

――へー

むちゃくちゃ偉い人で、例えば、道路なんか造ろう思たら、あの人が真ん中立って、測ってなんぼて、ずうっと歩いたらそのあと、道ができてしまう。

（二〇〇七年一〇月四日）

暴れん坊の青年たちがそういう偉い人を捕まえて、「お前、草食え」言うて。

――え、草？

供出せい供出せいて、皆取り上げてしもたやろ。やから「草食え言うたやろ、お前、食うてみろ」て。（二〇〇七年一一月二九日）

伯父さんは自分が攻撃されることを恐れていたのではないか。彼が南労党に入党し「地域の代表者みたいに」なる程度には熱心に活動したのは、この恐怖なくしては考えにくい。

伯父さんは「日本一の教師」になるためではなく、「民族反逆者として追われる身になって日本へ来た」。ただし、それは小学生たちに「日本人になれ」と教えたからではない。共産主義を「これこそ真理」だと信じ、その活動に参加したからだった。いや、追われたわけですらない。自ら済州島を去ったのだ。

彼は組織の状況から、自分たちには「戦ったって勝ち目がない」と判断した。運良く日本へ上陸したあとは、日本国内の移動について詳しい知識を持っていた人（つまりはおそらく、日韓の移動を世話していた何者か）とともに行動し、発見を免れた。大阪に着いたあとは、右も左もわからない土地でも臆することなく計画を立て、通りがかった人に話しかけて行きたい場所まで連れていってもらった。

延奎伯父さんの生活史は、過酷な歴史に翻弄された悲劇的なインテリのそれとして読めるかもしれない。しかし彼の行動の記述からは、無力でひ弱な知識人ではなく、厳しいストレスの下でも自分たちの実力を判断し、一睡もできない状況でも頼りになる人間を見つけ、行ったことのない場所でも目的を達成し、いざとなれば警察官に対しても一芝居を打つことのできる、冷静かつ大胆な青年の姿が見えてくる。

先に引用したインタビューの抜粋箇所で、伯父さんが「判事が朝鮮のことあんまり知らんからね」と言うとき、「あんまり」の箇所はやや低い声で力を込めて、ゆっくりと発話された。つまりこの「あんまり知らない」は「大して知らない」という意味ではなく「あまりにも知らない」という意味として理解すべきである。

新村里で四・三事件を体験した高蘭姫さんは次のように回想している。彼女が日本へ渡るため船に乗ったところ、武装隊指揮官だった李徳九（イドック）と金大珍（キムデジン）が現れ、船に乗っていた人々にこう言った。「君たち、良心があったらいますぐ降りろ、こんな大事な仕事の途中で自分らだけ逃げて、どうするんやと、お前らは逃避者（トビジャ）やと、自分の国を捨てて逃げた逃亡者やから、二度と、祖国の土を踏まれへんぞ」と。伯父さんはこの台詞を直接に聞いたわけではない。けれども、自分を逃避者だと思わなかったはずもない。

敦賀駅で米を運ぶ朝鮮人を尋問した「判事」は、目の前にいる青年の経歴も、彼が味わった多様な暴力とそれに対する彼の恐怖も、彼の思考力や決断力も、彼の日本と日本人に対する憧れも、そのために彼がなしたことも、その故に彼が「逃避者」になったことも、そこに至るまでの朝鮮と済州島の状況も、何一つ、知らなかった。いや、「あんまり知らない」のは「判事」だけではなかった。

六〇年を経て、彼は済州島を去った選択を肯定する。

> 私が喜んだことというのは、［済州］四・三［事件］の前に私がここへ来てしもたということ。私がこっち逃げてきたのは春やったから、それから何カ月間のうちに、友達や何かが麦畑で銃殺されたとか、いろんな噂聞いたけどね。済州島に来た警察の偉いやつらが、村の人たちをみんな捕まえて、一列にずらっと並ばして、孫をおばあさんの前に立たせて銃持たせて突かす。もう、恐ろしい。そん

な恐ろしいの、目にせんと逃げてきてよかったなと。

——ほな日本に来てよかったと

解放されたいう気持ちやな。

——日本に来て、解放されたと

やっと。

（二〇〇七年一〇月四日）

戦争と植民地支配が終わったとき、伯父さんは「喜びの集会」には参加しなかった。済州島を去り大阪へ来て初めて、彼は「解放されたいう気持ち」を味わった。

伯父さんは何から解放されたのだろうか。警察の監視から？　「密航」するか「山」に入るかという選択から？　「日本人になれ」と教えた過去から？　それを攻撃される可能性から？　その「解放」とは彼にとっていかなるものだったのか？

答えはおそらく、誰も知らない。

美しい済州（アルムダウン・チェジュ）

闇米を運ぶ仕事をしばらく続けたあと、伯父さんは済州島にいたときの知人が大阪にいると聞きつけ、その人の家に行き、その家の子どもの家庭教師として雇われた。ほどなく、伯父さんはその家の家庭教師ではなく、その家族が経営していた縫製工場で働きはじめた。伯母さんとの見合い話を持ってきたのは、その縫製工場の人々だったようだ。

Kさん［縫製工場の経営者］から、あんたいつまでも一人でいて、何考えてんのて言われて。仕事一本で何も考えてなかったしね。ほなら向こうが心配してくれて、こういう人がおるから、あんたいっぺん会いに行こうて。あの人らに勧められて、最初に会うてん。

——あ、それが

大池橋（おおいけばし）のとこで、夕方。Kさん夫婦と私が車乗って、途中で信号が一回も赤に

ならんから、こら縁起がええ言うて。（同前）

なお、こう話していたところ、伯母さんは「よう覚えてるやん」といって少し恥ずかしそうに笑った。伯父さんは「あんときはあんたは、お母さんと一緒におって、お父さんはいなかったかな。あ、チャグナボジ（父方の叔父）がおった」とそっけなく答えた。

結婚後、伯父さんは伯母さんとK夫妻の家に住みはじめた。伯母さんには外国人登録証がなかったので、伯父さんが「入管のえらい人」に頼んで登録証をつくらせた。伯父さんと伯母さんとは同じ工場で働きはじめたが、K氏と伯母さんはなかなかうまくいかない。「この人とそこのおっさんとは折り合いが悪い。どうしても円満に行かない。よその人と調子を合わせるという性格がないからね、円満にいかんわけ」

長男が生まれた直後、伯父さんたちは引っ越し、自分たちで洋服工場を始めた。伯母さんが織工を雇って経営や営業を担当し、伯父さんは裁断を担当した。洋服工場の経営が軌道に乗りはじめると、伯父さんは故郷から母親を呼びよせることにした。

しかし、これがのちにトラブルの種になった。

僕はもう、自分の母を呼び寄せるために最初から韓国籍にしてしもたけど、それをつるし上げに来た人がいっぱいおった。

——ふん

総連の偉い人たちがね、田舎ではいっしょにやっとった人たちやけど、私は要するに裏切って韓国籍とったと。それをつるし上げに来てん。

——あー

で「親を呼び寄せるために、どうしても韓国籍にせなんだら、韓国では面倒を見てくれる人が誰もおらん、身内がおらんのやから呼ばなしゃあない」てなんぼ言うたかて「そんなん理屈にもならん。親兄弟のことを考える愛国者がどこにおんねん！」て。

（二〇〇七年一一月二九日）

この一件以後、伯父さんはしばらく民族団体と関係を持たなかったようだ。といっても、彼がかつて南労党員として活動していたことが忘れられるわけではない。伯父さんは自分が済州島に長いあいだ戻れなかったのは、そのためだと語っている。

僕はまた向こうで指名手配されてリストに載っとるわけ。だから絶対行かれへん。しかも、僕の弟が北から手紙を出して、その手紙がばれてしもてね、要注意、指名手配。やから僕も全然行かれへんかった。行くのもあきらめておったしね。

（同前）

実際、伯父さんが伯母さんとともに済州島に行ったのは、「三〇年ぶり」、つまり一九七八年ごろだったようだ。

三〇年ぶりに帰ってきた、言うて、済州島一周してん。みんなに歓迎された。偉い人が招待してくれた。だから何も心配することない。

——へー

最初行ったときには警察から電話もあってね。「どういう目的で来ましたか」とかなんとかいうから、警察行こか言うたら「いやいや、いいです」て。それから何も言わん。（同前）

しかし、故郷の様子は様変わりしていた。自分たちの住んでいた家はすでにほかの人が住んでおり、弟たちの墓は主がいないまま、母親がつくった土盛りと墓石だけがあった。そして、村には友人や知人がほとんどいなくなっていた。

墓参りに行ったときに聞いたら、やっぱり家族も皆疎開してしもて、前の住所はみな変わってしもとる。

例えば、自分の弟がそこへ走っとったいうことなったら［四・三事件において武装隊に参加したと見なされたら］、その兄さんの家族もそこにいられなくなってしまう。警察にしょっちゅう監視されるからな。で、逃げてしまう。様子が一変してしもとる。やからほとんど昔の人はおらん。

——はい

やからいま、「美しい済州（アルムダウン・チェジュ）」「美しい済州（アルムダウン・チェジュ）」て言うのは、そういう歴史があるからやと思うわ。みんないなくなってしもうて、私はぼんくらやから良かったけど、少しでも理屈言うやつ、物しゃべるやつはみんな狙われてしもうて逃げてしもうて。やから、ああいうのをみな一掃してしもうて「美しい済州（アルムダウン・チェジュ）」言うようになったと思うわ。

（二〇〇七年一一月二九日）

この「美しい済州（アルムダウン・チェジュ）」というフレーズは、伯父さんが以前、済州国際空港で目にしたものらしい。

二回目のインタビューのとき、私は何を思ったか、伯父さんに「もう一度人生をやり直せるなら何になりたいか」という、いまなら絶対にしないだろう質問をした。それに対して、伯父さんは少し考えてからこう答えた。

やっぱりね、教育者になりたい。今度は、もう、そんな偉くなくていいから。

（同前）

第三章

めっちゃええ場所

——朴貞姫伯母さん

貞姫（チョンヒ）伯母さんは小柄な人だ。小柄で、O脚で、姿勢がいい。体は小さいが声は大きい。彼女のことを思い出すとき、私はいつも、自分とのつながりと距離を同時に感じる。

私はいわゆる「泣き女」と呼ばれる人々の声を聞いたことがないが、伯母さんが聞いたことのないような声をあげて泣くのを見たことがある。東奎（トンギュ）伯父さん（伯母さんにとっては弟）の葬式のときだった。その声はとても大きく、ワアワアというよりはヨウヨウ、オウオウとでも書くほうが正確な気がする。とても大きな声だけれども、高くも低くもなく、一定のリズムがある。

伯父さんの葬儀の途中から伯母さんは泣きはじめた。葬儀のあと、みんなで火葬場に行ったが、火葬場でも伯母さんは泣いていた。さっきと同じような、ヨウヨウ、オウオウ、という声で。火葬場の扉が閉まると、伯母さんは泣き止んだ。そのあと、伯母さんはけろっとしていた。

それから伯父さんの火葬が済むまで、近所のファミレスで昼食をとった。何の話をしていたか覚えていないが、注文の品がなかなか来なかったので、東奎伯父さんのお連れ合いが「早よせな、うちのダーリン焼きあがってまうわ」と言った。クンソンこと朴済奎（パクチェギュ）伯父さん（父の長兄。「クンソン」とは「大きな息子」の意か）が「そんな早よ行ったかて、熱うて持たれへんぞ」と言った。火葬場に着くとまた、伯母さんはヨウヨウ、オウオウ、と泣いていた。

クンソン伯父さんが亡くなったときも、伯母さんはそういうふうに泣いていた。クンソン伯父さんには友人関係と呼べるものがほとんどなく、信仰も何もなかった。けれども、どういうわけかカソリック教会で、信徒の方々に見守られて葬儀をあげた。

血色のいいまん丸の顔をした司祭が「私たちの兄弟、ヨゼフ・パク・チェギュさんは、こうして生前の罪をすべて許されて、いま、神のみもとにおられます」と繰り返し言った。

伯母さんは葬儀の間じゅう泣いていたが、そのあとはやっぱりけろっとした顔で、ほかの伯母さんたちと一緒に「あの坊さん、罪、罪て言い過ぎちゃうか」「ぜんぶばれてんのちゃうか」「〇〇ちゃん［亡くなった伯父さんの長男の妻］、なに言うてしもたんやろ」というようなことを、割と真面目な表情で話しあっていた。

キリスト教の教義がどのようなものか私は知らないが、多分そういう罪のことではないと思う。口に出しては言わなかったが。

ハラボジが泣いたとき

私がそもそも自分の親族の歴史を調べてみようと思ったのは、貞姫伯母さんがきっかけだった。私が高校二年になる年の春先、祭祀(チェサ)（法事のこと）のあとの食事の場で、貞姫伯母さんは繰り返し、自分たちが「韓国に帰った」ときの話をしていた。船が壊れた、どこかまで流された、アボジ（父親のこと。私にとっては祖父）が泣いた、一族全滅だと泣いた……そういう話だった。

私はそれまで、自分たちがいつ、なぜ、どうやって日本に来て大阪に住むようになったのか、考えたこともなかった。なんとなく一九四五年までのどこかの時点で日本にやってきて、どういうわけか大阪に住みはじめて、何があったかわからないがいまに至るのだろう、と。強制連行？ さあ、そういう感じじゃない？ と。

それなのに、いま伯母さんは「韓国に帰ったとき」の話をしている。彼らは一度、帰っていた？ なぜ？ いつ？ そしてそのあとまた日本にやってきた？ なぜ？

私はそのときに、話を聞かなければいけないと思った。私は自分が何も知らないことにようやく気づいた。とはいえ、実際に伯母さんに話を聞きはじめたのは、それから四年くらい経ってからだったのだけれども。

実際に話を聞きに行っても、最初は「私、忙しねん」「私の話なんか聞いてどないすんの」と言われた。でも、私が「前に話していた、ハラボジ（祖父）が泣いたときのことを知りたい」「伯母さんが韓国で住んでいたときのことを知りたい」と言うと、めんどくさそうに口を開いた。

——伯母さんは大阪で生まれたんですか？

ちがう。あんたのハンマニ［ハルモニ。「おばあさん」の意味］んとこ［済州島（チェジュド）朝天面（チョチョンミョン）新村里（シンチョンリ）］で生まれてな、で、赤ちゃんのときこっち来たんや。そんときはな、連絡船か何か行ったり来たりしとったみたい。

——あー、聞いたことあるかも。ほな一番古い、記憶は大阪にいたときのんですか？

ちゃう。大阪やのうて、神戸におったみたい。アボジが船引きやからな。船引きやから神戸で小さいときに、よう紙芝居見に連れて行ってくれはったこと覚えてるわ。

――あ、伯母さんが、ハラボジと

そう。ほんで船の中でみんな生活しとった。アボジとオモニ［母親］とクンソン［長兄］とセッソン［次兄］と、私の上のお姉さん［蘭姫］と、誠奎［三男、貞姫伯母さんのすぐ下の弟］と東奎［四男］と。

（インタビュー、二〇〇八年一二月一〇日）

さて、私の祖父母と伯父・伯母たちはいつ日本に来たのだろうか。かつて父が取ってくれた古い戸籍には、彼らの出生報告地が記載されている。それを見るかぎり、一九三八年一月生まれの誠奎伯父さんは済州で、一九四〇年七月生まれの英姫伯母さんは大阪（布施）で生まれたようだ。ということは、彼らは一九三八年一月から四〇年までのどこかの時点で、済州から神戸を経て大阪へ移住したのだろう。なお、貞姫伯母さんは一九三五年生まれだ。

実は、この時期に朝鮮から日本へ移住するのは、かつてほど簡単なことではなくなっていた。というより、そもそも同じ大日本帝国の領土でありながら、朝鮮から日本へ移動するのは簡単なことではなかった。

朝鮮から内地への自由な渡航を制限する総督府令は、一九一〇年から何度も発出されたり廃止されたりを繰り返し、一九二五年八月には、内地での就労が決まっていないもの・日本語が堪能でないもの・準備金が一〇〇円未満のものに対して渡航を辞めさせる方針が決定された。[1] 一九三四年には、朝鮮人の内地移住を制限することを目的とした「朝鮮人移住対策ノ件」が閣議決定されている。

ただ（杉原達『越境する民』に詳しく書かれているが）済州島と大阪の間には、尼崎汽船部という会社によって定期便「君が代丸」（韓国語読みで「君代丸（クンデファン）」）が運行されていた。伯父さんや伯母さんたちが君代丸に乗ったのかどうか、それはわからない。

一九四〇年時点で神戸市内に在住していた済州島民の人口を特定することは難しい。四〇年時点で兵庫県に在住する朝鮮人の数は一一万五一五四人、四二年時点で神戸市内に在住する朝鮮人の数は三万三四〇七人とされているが、[2] 済州島出身者の数はわからない（ただし、済州道庁の調査によれば、一九三九年時点で兵庫県内に在住する済州島民の数は九〇九人［男：一九八、女：七一一］）。

ついでに一九三六年の神戸市調査に基づく神戸市内の在日朝鮮人の人口分布を見る

と、神戸市の両側、つまり東部・西部の工場密集地域である林田区・葺合区がそのまま朝鮮人人口の多い地区となっていることがわかる。

伯母さんは船上生活を送っていたというが、それが果たして神戸での記憶だったのか確証はない。少なくとも一九三六年の神戸市調査で、船上生活者は報告されていない。

一方、一九三七年の大阪府学務部社会課による調査では、二八四三世帯の水上生活者が報告されており、そのうち七二世帯が朝鮮人であること、[3] また同じく済州島新村里出身者が大阪で水上生活を送っていたと証言していることなどから、[4] 貞姫伯母さんの「船の中でみんな生活しとった」という記憶が、神戸ではなく大阪での話である可能性もある。

現時点で一応言えるのは、伯母さんは一九三五年に生まれ、三八年一月時点では家族みんなで済州にいたこと、三八年から四〇年のどこかの時点で済州からまず、おそらくは神戸に渡り、それから大阪へ移住したことだ。

ラムネとベッタン

伯母さんは気が強い。それは昔から変わらないようだ。

私ちいさいときからワンマンやねん。ワンマン。うちのお母さんいつでも言うてたわ。あの頃は食べるものもないしな、戦争やから。法事でも行って、お餅とかなんかちょっとおいしい、肉とかなんかちょっともらってきたら、人の倍、私はくれへんかったら暴れんねんて。そんな欲張りやってん。

私その記憶はないねん。ほんで、やれへんかったら座ったまま、おしっこしながらでも泣いてわめいて、うるさかってんって、一番。子ども一〇人で私ほどうるさいのおれへんかったって、うちのお母さんが言うねん。男と一緒にラムネしたり。いつでもラムネ、ベッタンも、男と一緒、男の子らと一緒に遊びまくるだけやんか。いつでも学校に行くのもまた勉強が嫌いでな。いまでもよう覚えてるわ。そこでいつでも貨物の線路のそこで男の子らと一緒にベッタンしたり、ラムネこんな抱えてきたり、クンソン［長兄］にどれだけ怒られたか。

——怒られはったんですか？

めちゃめちゃよう怒られとったやん。「男と一緒に遊びやがって、このアホ

が」って。　（同前）

伯母さんの身振り手振りから考えるに、どうもこの「ラムネ」というのはビー玉弾きのこと、「ベッタン」というのはメンコ遊びのことを指すようだ。

そのときにな、私ら学童疎開いうてな、学校から遠くに行っとったんや。福井県のな。私がお世話なった家がほんまええ人で、お姉さんがめっちゃ可愛がってくれはった。毎日風呂いれてくれて、桃よう食べさしてくれた。カニくれたこともあったわ。で、戦争終わったからいうて、そこから皆して、韓国に行ったわけやねん。

――そのときは福井からそのまま韓国へ行かはったんですか？

帰ってきたときは、親らは大阪やのうて和歌山におってん。和歌山におって、そこから何日間かおって、みんなで韓国行こうて韓国行ってん。

——へー、ほんでどんなふうに帰ったんですか？

船がひっくり返ってん。海の上で。家族みんな乗ってな。オモニ［母親］はねんねこ［半纏(ばんてん)］の中によう米入れて担いでた。あんときアボジ［父親］がえらい泣いてたん、いまでも覚えてるわ。「家族全滅や。こら何の罪や」言うて。

——はい

そら船ひっくり返ったら全滅や。それからずーっと流されてな。どこで故障したんかもしらん。いまいろんなこと忘れるけどな、あのころのことはよう覚えとる。ほんだら助け舟いうんか、何か振って、助けてくれるいう感じの船が来てな。その船が引っ張って行ってくれたわけ。

——よかったですね

で、引っ張って行ってくれたとこが山口県やったわ。で、夏や。クンソン［長兄］とセッソン［次兄］はそこで泳いで、泳ぐん上手やったわ。で、そこで何日間かおって、船ちゃんと直して、またアボジと行ったんが釜山（プサン）や。釜山で降りて、そこで色々買い物してな、それから済州島（チェジュド）に行ったんや。船でまた。

（二〇〇八年一一月三〇日）

この話が、私が高校時代に聞いた話だった。伯母さんはこの話を何度もしていた。そのときのことがよほど強烈だったのだろうか。それとも、祖父の様子がよほど意外だったのだろうか。どちらもありそうな気がする。

伯母さんの、あの迫力のある声と、急き立てる感じの話ぶりで何度も、祖父が「こら何の罪や」と言ったときの真似を聞いたので、なんだか祖父まで伯母さんのような話し方をしているのではないかと思ってしまうくらいだ。もしかすると、祖父が家族のことを思って泣いたのは、このときくらいしかなかったのかもしれないが。

済州での生活

で、韓国行ってな、クンソン［長兄］とセッソン［次兄］は私よりだいぶ上やからな、もう一人前や、おっさんや。

――おっさんって

私そのとき五年生やろ。セッソンはすぐに、一カ月ぐらいで、ここにはよう住まん言うて帰ったわ。

――あの、伯母さんが済州でうちのハルモニ［祖母］・ハラボジ［祖父］と、きょうだいで暮らしてはったときの、毎日どんなふうにしてはったかを伺いたいと思って

どんなふうにって、何がどんなふうに？

――一日の例えば生活とか

一日の生活は、もうそこなあ、うちのお母さん、あんたにしたらおばあさんやけども。その畑にいっぱい農作ゆうの、そんなのつくってそれで一年や二年は食

べられるねん。菜っ葉とか野菜は畑に、庭にあるしな。けどそれをするし、また私の父親、あんたにしたらおじいちゃんやけど、おじいさんの顔覚えてる？

——いやあ、もう全然

覚えてないの？

——私が一歳かそこらで亡くなりましたし

いやあ、済州で一緒に住んでるときは、魚とか遠ーいとこ、とりに行きはんねん。

——それは近所やのうて？

遠いとこいうて海やんか、済州は。海やから、海から海の真ん中へ行ったら……。

——ああ、なるほど

サバやタチウオやな。アマダイ……アマダイはそこにあったかなかったか。タチウオとサバな。アマダイとかな。そんなんをとりに行くねん、夜中に。夜中いうて、夕方行くんやで。朝帰ってくんねん。ほんだら、仮にいまみたいに天気予報でピシッとしてへん。まぐれで「行きはじめた。ああ、今日の天気はこんなんだな」。よう死ぬんやって。波がこんなんなったり、台風が来たりしてな。それはおじいちゃんが、私にしたら父親やけど。あんたのお父さんは全然生まれてないよ。

——そうですね

ここ［日本］に来てから生まれたから。もう行って、ここに来てから。元奎（ウォンギュ）まではな。元奎は向こうで生まれて、韓国で。ほんで、私が迎えによう行ってってん。その魚やらなんか、おじいちゃん。

――あ、そうやったんですか

私は子どもの頃やったけど、もうおじいちゃんが持ってくるのも楽しみで楽しみでな。行くねん。ほんだら小さいときにな、迎えに行ったらみんなで一緒に船乗りしてる人らがな、うちのお父さんの名前が朴(パク)やんか。朴熙方(パクヒバン)の娘な、私のことやねん、なんであんなべっぴんさん、かわいい子……小さいときはかわいかってん。みんな大体小さいときはかわいいやろうけどな。なんであんなにかわいい子やって、それがいまだに記憶にあるわけやねん。

――ほな漁師とか一緒に船乗ってはった人らがそんなに言うて？

そうそう。朴熙方のな。「朴熙方の娘はなんであんなかわいい子や」。それが子ども心に嬉しくて、また迎えに行こう言うてな。だから迎えに行ったり、それが。そんなんしとったけど。いまいう船……おじいちゃんの弟、一番下の弟がおんねん。うちのお父さんは真ん中や、男三人兄弟で。

——ほな、ほかに何人いてはった？　男三人と？

また女もおった。女も二、三人おるけど、下の一番、うちのお父さんの下の叔父さんの嫁さんな。私にしたらチャグンオモニ［「小さいお母さん」、父方の叔母のこと］や。チャグンアボジ［「小さいお父さん」。父方の叔父のこと］の嫁さんやからな。優しい人やってん。ものすごい、私を自分の子ども以上に大事にしてくれるん。

——近所に住んではったんですか？

一緒一緒。ちょうど韓国の家、わかるやろ。ここが本館でこっちがちっちゃい、こっちがあって、三つくらいあんねん。ほんだら、ここの向かいのちっちゃいところ、そこに住むようになったわけや。

——そのチャグンアボジの？

チャグンアボジは日本におったんや。このおばあさんだけが、私らも娘みたいにな、ごはんもしたらこっちおいでおいで、一緒に食べえ言うてな。ほぼそこで住んだんと一緒やわ。

――ほな伯母さんもそこ？

そこで一緒に、何も家賃いるわけじゃないしな。その人もまた若いし、そのときはな。ほんだら、なんし［なんといっても］、ここの韓国が楽しくて楽しくてな。いろんなやつ［野菜］、実ってくるのがものすごい嬉しいわけや。（同前）

このときに聞いた話はすべて、私にとってとても面白いものだった。祖父が漁をしていたこと、伯母さんの家族にとってメンバーの誰かが日本にいるのが普通の状態だったこと、伯母さんが（おそらくは彼女の両親が日本へ渡ったあとに）彼女の叔母と住んでいたこと、そこでかわいがられたこと、どれも知らない話ばかりだった。

語られないこと

と同時に、このとき私は不思議に思っていた。いつまで経っても四・三事件の話が出てこないからだ。魚の話と畑の話と家の話と家族の話ばかりだ。

これと同じようなことを私はその後なんども体験することになる。つまり、「四・三事件のときはどう過ごしていたのか?」と質問しても、それに対応すると思われる回答が返ってこないという体験だ。「危ない目には合わなかった」「たいしたことではなかった」「覚えていない」といった答えが返ってくることもある。

そういうとき、私(聞き手)が取る対応は五つあるように思う。一つ目はごく簡単だ。「この人はきっと、自分には話したくないのだろう」と思って、それ以上話してもらうのを諦める。

二つ目は、言われた通りに受け取って、「この人は四・三事件について覚えていないんだな」「たいしたことは起こらなかったのだな」と思うことだ。しかし、例えばほかの資料やほかの証言に当たってみたとき、その人と同じ時期に同じ場所にいた人が、虐殺を目撃したり家屋を焼失していたりする場合がある。では、私に「たいしたことなかった」と答えた人は、嘘をついていたり、あるいは記憶が曖昧だったりするのだろうか？

三つ目は「この人は何らかの虚偽意識を持たされているのだ」と理解する方法だ。つまり、この人は支配階級（この場合は大韓民国政府）の影響を受けて、あるいは政治的な話題を避けて、四・三事件に言及しないように心がけているのだろう、と思うことだ。

四つ目は、私の問いそのものが間違っているのではないかと考えることだ。この場合だと、結局のところ、「四・三事件を体験する」とはどういうことなのだろうかと考えることを指す。どのような話を聞けば、私たちはある人の話を「四・三事件の体験談」だと思えるのだろうか。言い換えると、伯母さんが「四・三事件」の記憶がないこと、自分の体験したことを「四・三事件」としては理解していないことは、何を意味しているのだろうか。

四・三事件が起こらなかったわけではない。伯母さんが何も体験しなかったわけでもない。同じ村で同じ時期に、同じ家に住んでいた誠奎伯父さんは、自分が一〇歳のときに何が起こり、何をしたか、はっきりと記憶し、私に話した。伯母さんもおそらく、同じ村で同じ体験をしたはずなのだ。にもかかわらず、伯母さんはその体験を「四・三事件」としては記憶していないし、「怖かった」「危なかった」という記憶もない。

もしかすると、伯母さんは何かを覚えているのだろうけれども、それを「四・三事件」というものとしては理解していないのかもしれない。

そして五つ目の可能性は、彼女は四・三事件を体験し覚えているけれども決して語らない、というものだ。

彼女は四・三事件を見て、聞いて、体験して、知っている。弟が数日間、失踪していたことも。家で食事をしていたら銃を持った男性たちがやってきて、外に出ろと脅され、村中の人々とともに数時間、機関銃に囲まれたことも。彼女の父や長兄が警察に連れて行かれてしばらく帰って来られなかったことも。村の中での警察官や青年団による村人の拷問や虐待が日常茶飯事だったことも。村人同士が疑い合い、憎み合い、罵り合ったことも。[5]

それが、彼女がそれまで私に語ってきた、魚をとり野菜を育てる「韓国」での生活とあまりに違うとき、彼女は幸せな記憶のほうだけを語ることを選んだのかもしれない。恐ろしい場所に変わってしまった済州島に、妹たちとともに残されたことも、「楽しい場所だったから」と言えば説明がつく。あるいは、彼女の母が、自分の娘を済州島に置き去りにした理由として説明したことを、彼女がそのまま受け取っているのかもしれない。

本当のところどうなのかは、私にはわからない。もしかしたら、伯母さん自身にも、もはやわからないのかもしれない。

日本への「密航」

貞姫(チョンヒ)伯母さんは話し続けた。

――どうして日本に来ることになったか覚えておられますか？

理由は知らん。船まで乗るのに、私が暴れてな。韓国おる、て言うて。なんで韓国おるていうたかていうとな、うちのお母さんがそこで何年かおってん。で、麦や粟(あわ)や米や、その、農産物いうの？　いっぱいつくってあるわけや。それ置いといていくのが嫌やねん。自分のもんにしたいねん。

もう六年卒業してたし、もったいないいう思いがあって。オモニ［母親］は一緒に行かなあかんて言うたのに。おじいちゃんらがみんなこっち来てしもうてもな。船まで乗せたやつを、私はいやや行けへん言うて暴れてな。

――そうやったんですか

船まで乗せたんやで。朝天面（チョチョンミョン）いうところから乗せたのに、いやや、まだ、今度行くー言うて暴れてな。

――それは季節いつくらいでした？

季節……。

――寒いか暑いか

暑いこともない、秋くらいやわ。秋くらいやけど。私の上にお姉さん［蘭姫伯母さん］おってん。おったやろう？

――はい

いまでも［済州島に］おるやん、息子らは。そうそう。その人はもう結婚めちゃくちゃ早よさせたわけやん。

――それはもう向こうに？

おばあちゃんが。

――それは伯母さんらが済州に戻らはって、すぐくらいに結婚したんですか？

すぐかどうかは知らんけど、何年かおったかどうか知らん。早よう結婚さしはった。うちのお母さんが。その人はそこで住むしな。そやから私はお姉さんもおるし、チャグンオモニ［父方の叔母］もおるしな、とにかくその実るのが楽しくてな。日本なんか嫌やいうて子ども心に暴れてな。（同前）

それから伯母さんは、何年か、そのチャグンオモニの家に住んでいた。けれども、そのあと何度も伯母さんは、彼女の母親の招きで日本へ「密航」を試みることになる。やや長いが、そのまま引用しよう。

ほんで何回もうちのお母さん早よ呼ばなあかんて。捕まったわ、私もミッコ［密航］で。

――それは一回だけですか？　捕まったの

二回ぐらい捕まってるよ。対馬（つしま）いうところでな。あの、ここで待っときって。夏やったわ。大村収容所ってあるねん。博多のほうに。知ってる？

――一応、名前だけは

収容所があんねん。捕まったらそこへ行く。そこへ入ったことある、二回ほど。

――二回ほど

うん。そんで、二回と思う。一回か二回か、ここの誠奎がな、学生のときは学生割引で［交通費が］安いから、私のとこに面会来た。うちのお母さんがな、服やらみな持ってこさして、で向こうで売って早よ出てこい、て。うちのお母さんがうちの誠奎に持たしてな。

探してまたして、二回ほど引っかかったけど、三回目……三回目はうちの一番上の兄貴、もう亡くなってしもうた。クンソン［長兄］。その人が連れに来とったわ、私を。対馬まで。

――対馬まで来はったんですか？

来はってん。対馬で隠れとけえ言うてな、連れてくる人がおんねん。ちゃんと。それもミッコの、専門家のおばちゃんやで。ここでおりなさい、一回の二回は我慢せんとおりてきたわけや。

で、捕まったやんか。そこで隠れとったら、ちゃんとうまいことすんねん。それが私がそんな暑いし喉は渇くしおりてきたら、すぐ捕まってな。怒られたもん。

なんでそんな我慢ができへんねん。

——そのおばちゃんに？

そのおばちゃんも言うしな。二回目か三回目か知らんけども、日本のここのほうに韓国から来た人がなんかちょっと、そういう田舎臭いような感じせんと、ええの買うて来とった。服とかもぜんぶ着替えてな。ほんでうちのクンソンと一緒にな。あのときはいまみたいにこんな新幹線はない。二日も三日も電車いうか汽車いうか知らんけどな。こつこつこつこつ、二日ほどかかって帰ってきたわけ。（同前）

伯母さんは密航ブローカーの女性に連れられて、おそらく済州島から釜山へまず船で渡り、釜山から対馬へ渡った。そして対馬の山の中のどこかで隠れておくように言われたのに、暑くて喉が渇き、何か飲むものを探して外に出たところを発見された。そのときはおそらくブローカーが買ってきたのだろう、「ええ」「服とか」に着替えていた。

なお、伯母さんが「密航」したと思われる一九五〇年ごろ、「密航」を斡旋するブローカーに支払う船賃は一人当たり二万円から四万円（当時。一九五〇年の大卒の初任給は三〇〇〇～五〇〇〇円）だったと推測されている。[6]

大村収容所

伯母さんが送られたのは、長崎県大村市にある大村収容所というところだった。大村入国管理センター（法務省入国者収容所大村入国管理センター）の前身にあたる。ここはＧＨＱの指令により一九五〇年一〇月、針尾（はりお）収容所として始まった。

――その、収容所生活ってどんなんでしたか？

ものすごい食べるもんがあんねん。

――そうなんですか

その、腹減ると、ものすごい面白い。

――面白いんですか？

面白いうんか、うちのこの部屋の何十倍もあんねん。ほやからそこで行ったり来たり。みんなと話、合うしな。食べるものでもいっぱい。そのときもそんなんはせえへんかった［空腹にはならなかった］。山盛りやった。覚えてる。

――なんていうか、いろんな人が大きい部屋に一緒にいはるということですか？

そうそう。そやから、女は女同士の部屋があんねんな。男はまた別にあるしな。ほんだら、同じ人やけどみんな韓国で行きながら捕まった人やから、おばちゃん、このおばちゃん［貞姫伯母さん自身］みたいな人やから、みんな話が合うやんか。どないして来てん、こないして来てんとかな。話も弾むわ。しんどいとか閉じ込めるとか、そんなんない。（同前）

大村収容所については、貞姫（チョンヒ）伯母さんは別のときにもこう語っている。

刑務所いうても、めっちゃええねん。みんなこんな畳の上でな、もう座って遊ぶしな、何もそんな、どっか閉じ込められるとかそんなん違うねん。おなかいっぱいご飯食べられるしな、何も苦労はないんやけど、でも子どもやんか。もう早よ親のところに帰りたい、こればっかりや。

でも［済州島に］送り返されてん。ほんでまたやってん。私二回捕まってん。親不孝したわ。どっかの駅でおばちゃんと歩いてたら捕まってん。ほんでまた送り返されて。オモニがお金つこて。

（二〇〇八年一一月三〇日）

いや伯母さん、収容されてるんだから閉じ込められてるでしょ……と、私は頭の中でツッコミを入れた。それ以外にも、ツッコミどころは山ほどある。

大村収容所といえば、「旧日本帝国時代の日本政府の姿をそこに見ることができると言っても過言でない。日本の戦後も、平和憲法の影もそこにはない」[7]と批判され、待遇の改善を求めた被収容者に対して、職員がたびたび「血で血を洗う弾圧」[8]に及んだと言われている場所だ。かつて「ナチの強制収容所の〝東洋版〟として、あらゆる非人間化の抑圧と虐待が行われた」[9]とも言われている。

そこが「ものすごい面白」くて「めっちゃええねん」。

きっと、伯母さんは本当に楽しかったのだろう。広い畳敷きの部屋で同世代の女性たちと、自分たちがどうやっていまの境遇に至ったかを話す。お互い、収容されるまでの過程は似ているだろうから、話は合う。何もしなくても食事は出てくる。部屋で遊ぶこともある。伯母さんは、当時もう一五歳にはなっていただろうか。

しかし、伯母さんが大村収容所で楽しい日々を過ごしていたのと同じ時期、大村収容所では収容者による抗議活動が行われていた。『大村入国者収容所二十年史』によれば、一九五一年二月には収容所内で騒擾（そうじょう）事件が、七月には決起集会が行われている。一九五二年五月には被収容者五〇名が待遇の改善を求めてデモを行い、翌六月には参加者が一五〇名に増えている。

大村収容所で被収容者の待遇改善を求める決起集会やデモが行われたことと、伯母さんが同じ場所を「ものすごい面白い」「めっちゃええ」と話したこと、どちらもともに事実であるなら、それはいかなる意味において「本当」なのか、そこから何がわかるのだろうか。

ごく簡単だろう。ほかの収容者にとっては集会やデモを行わなければならないほどの環境が、伯母さんにとっては「めっちゃええ」環境だったのだ。それまでの済州での暮らしと比較して「めっちゃええ」のかもしれないし、その後の大阪での暮らしと比較して「めっちゃええ」のかもしれない。

伯母さんが語らないからといって新村里の住民たちが危険な目に遭わなかったと決して言えないのと同じように、伯母さんが「めっちゃええねん」と語ったからといって大村収容所が誰にとっても「めっちゃええ」場所だったとは決して言えない。憎み合い、理由もわからないうちに殺されるかもしれない新村里よりも、同じ「密航者」として体験を語り合える収容所のほうがずっとましだった。ただそれだけのことかもしれない。

結婚

伯母さんが大阪に来たのは、一九五三年ごろだったのではないかと思われる。というのは、私の父親が一九五二年九月生まれで、伯母さんがやってきたときには赤ん坊だったと言っているからだ。

——ほなもう父が、伯母さんが日本に来たときはうちの父親は生まれてました?

生まれとった。押入れのあんなとこ寝かしてあった。押入れの中。

――押入れの中？

押入れの中、布団ひいて置いてあるやんか。仕事あるときは自営業でみんな仕事せなあかんねん。クンソン［長兄］はな、こんなん言うてたわ。一番上やんか、一〇人きょうだい。おまえらのためにわしはどんだけ仕事やらされたか知ってんのかって。もう勉強なんかせんでええ。

うちのクンソンも頭悪ないねん。頭悪いのは元奎（ウォンギュ）とセッソン［次兄］と……私ぐらいのもんで、そんな悪ないねん。義和（よしかず）［私の父の日本名］は私［が］来たときは赤ちゃんが生まれてそんな大きくなかった。押入れの中、布団たたんで置いてあるところに寝かしてたんやわ。踏まれたらあかんから。

――ああ、そうですね。ほなもうハルモニ［祖母］は家でいろいろ仕事？

カシメ［金属板同士を接ぎ合わせる作業のこと］いうてな、機械があってな、裏においてな、三輪車の乗るサドルいうてあんねん。そんなんでも、ガッチャンガッチャンと。真ん中に置いて、ガチャーンガチャーンとして踏んで、かしめんねん。［クンソンは］仕事やれ言うてな。「おまえ見てもわからんのは、聞いてもわからんのや」言うてな、厳しいねん。むっちゃ厳しいねん、うちのクンソンは。私にでもな。

そんなん言いながらしたけど、うちの兄貴もそのとおりやねん。一番上でな、食べさせていかなあかんから仕事せなあかんやん。そないして苦労した言うてたわ。苦労した。私も見てる。

（二〇〇八年一二月一〇日）

密航者としてやってきた伯母さんは、外で働くことはできなかった。伯母さんが外国人登録証を手に入れたのは、延奎（ヨンギュ）伯父さんと結婚したあとだ。二人が結婚したのは伯母さんが二〇歳のときだから、それまで一年以上は外国人登録証がない状態だったということになる。伯母さんが自分の両親と住んでいたのは、その間だ。

ほんでもな、うちのおじいさん、私の父親、博打が好きやねん。知ってる？

——それ日本に来はってからですか？

そうそう、そうそう。どこ行っても博打は好きやねん。

——あ、韓国でもしはった？

もうなんぼでもするところある。ほんで、ここでな。私それもみんな覚えてるわ。ここでな、一生懸命一生懸命、そのまとめた金、ほんだらみんな仕事のために行かれへんかったおじいさん［集金に］行かすやん。そのお金持って博打。そのお金になる。ほんだら食べるものがないやんか。私らは持ってきたら、はよおいしいものでも一回くらいええのん食べさせてくれるやろう思って待ってたらな。

ナバリってあんねん。ナバリ。知ってる？

——わかりません、名張［三重県名張市］？

タカヤス［大阪府八尾市山本高安町］から向こうのほう行ったらあんねん。高安のほう。高安、知ってる？

——高安は知ってます。名張？

高安のほう、名張ってあんねん。終点やったと思うわ。そこ行ってな、あの頃は服でもなんでも寒いときオーバーでも着てな、あのときは着るものが高いねん。それをぜんぶそこの博打してる場で、これ脱ぐから金を貸してくれと。自分のお金はぜんぶ、集金したお金はつこうてしもうて。行ったらパンツ一枚で博打をしてんねんて。やりきれへん、うちのお母さんも死ぬ言うてな。こんな残さんもん、子どもも食えていかれへんし死ぬし、私ようあの線路沿い連れて行かれたわ。死ぬ言うて、線路で電車にひかれて。

ほんだら、私子ども心にはよう家帰りたいって泣くやん。ほんだら、おじいさんが裸でパンツ一枚でな、家帰ってもお金がない、そんななってな。セッソン［次兄］おるやん。もう我慢できへんでな、うちのお父さんをガーン殴ったみたい。

——セッソンの伯父さん？

そうそうそう。親でもなんでも、このクソ言うてな。してんや。それがまた今度、死ぬまでカタキや。

——おじいさんが？

そう。あいつ［セッソン］は私に手出した［って］。自分がそんなことするからやんか。それでもな、親に対してそんなことするやつはな。（同前）

伯母さんの話し方には暗いところがまるでなく、私は真剣に聞いているつもりでも、ついつい笑ってしまう。しかし、少しでも想像してみれば、伯母さんの話したことは笑い話でもなんでもない。祖父は何を思ってお金を使い込んだのだろうか。次男が自分を殴ったことを許せなかった彼は、殴られた自分を許せただろうか。伯母さんは二〇歳のときに結婚して、そんな家を出た。

――それ［結婚］は何年ぐらい？

忘れた。せやけど、おじさん［李延奎伯父さんのこと］が話してた洋服屋さんな、そこの洋服屋さんの息子いうんが、ここの誠奎のおじさんと同級生や。で、誠奎がその家で世話なるねん、ものすご。誠奎は強かってん。喧嘩でもなんでも強いから、そのおかげで私が［李延奎伯父さんと］一緒なってん。西今里（ソグンミ）中学校（チュンハッキョ）言うてな、あの今里の、朝鮮学校言うても、日本の先生が教えてた朝鮮学校があんねん。そこで誠奎がサッカーでも一番や。で、あだ名がインデアン言うねん。誠奎色黒いやんか。ほんでサッカーは一番やし、喧嘩は強いし、しっかりしててん。

ほんだらその洋服屋のおばちゃんは、ここ［李延奎伯父さん］には勉強教えてくれ、うちの誠奎には、学校で仮にもしいじめられたらちゃんと助けてくれ、って。それでご飯も食べさす。うちのオモニ［母親］は子どもいっぱいおるから、ものすごい貧乏や。

ほんだらその家は金持ちやから、服やる、小遣いやる、そこではもう、サマサマや。ほんでそこに姉さんがおるいうことで、私が［李延奎伯父さんと］一緒なったわけや。私はそんときでもおとなしい性格やないねん。せやからうちのハンマニが、私はちょっときつい性格やからな、おとなしい人がええと、そう言うてん。

――それで結婚なさったと

一緒なって、私がとにかく親方なりたいて言うてな。職人使て。田舎からな、女の子ら、あのころはみんな大阪に働きに来るねん。そういう子を皆入れてん。服屋やの洋服だけやない。水着からコールテン［コーデュロイ］のズボンとか。服屋やのうてミシン。服つくるわけ。

ほんでそのときに私が免許証とってな、みんな見とったわ。うわ、かっこええなーて言うて。まだあのときは若いしな、きれいしな。ほんでそんときな、タカシマヤとか阪急とか、ぜんぶうちから行くねん。

で私な、行くやん。「いやー、大野［通称名］の奥さんきれいやな」てよう言われたで。ええ格好して、サングラスかけて、赤い乗用車乗って。ほんでこのおじさんときどき連れて行くやろ。父親やて言うてん（笑）。私は自分で言うのも何やけど、負けず嫌いやねん。一生懸命すんねんけど。（二〇〇八年一一月三〇日）

結婚してからは、伯母さんは洋服の仕立裁断業をしていた。法務省の調査によれば、一九六〇年の時点で在日朝鮮人総数は六〇万七五三三人（男：三三万五四五六人、女：二七万二〇七七人）。そのうち洋服仕立裁断に従事しているものは二〇三七人（男：一二九四人、女：七四三人）。

といっても、この職業は、当時の在日朝鮮人の間で代表的なものではない。在日朝鮮人就業者数の多い職業は順に、単純労働者（二万六〇九〇人）、建設業従事者（一万八一六六人）、古物・屑鉄販売従事者（一万三七八〇人）だ。

一方、大阪における在日朝鮮人人口は一三万三〇六九人（男：七万一五七三人、女：六万一四九六人）で、そのうち洋服仕立裁断に従事する者は一〇四三人（男：六七八人、女：三六五人）。朝鮮人の洋服仕立裁断業従事者は、大阪だけで全国のおよそ半分を少し上回ることがわかる。ちなみに、大阪で就業者数の多い職業は生産工程従事者（三万三三三五人）、単純労働者（二一八四九人）、建設業従事者（一九四七人）だ[10]。

伯母さんの選んだ職業は大阪における在日朝鮮人に特徴的な職業だったといえるかもしれない。

工場いうても普通の家のちょっと大きいくらいで、まあまあ大きいけど、一階が住まいやねん。二階がまた広いねん。そこにミシンずらー置いて、こっちで裁断して。

——何人ぐらい雇ってはったんですか？　洋服工場

よう来よった。仮にな、一〇人はおったよ。仮にこういう台があんねん。ほんだら、ミシンかけはここにミシンが置いて、ここにミシンかけてな、この洋服なんかしよう思ったら下張りいうてな、手でしつけしたり、いろんな仕事があんねん。アイロンもしたりな。一ミリ狂うてもぜんぶ返品くるもん。

それからこのおじいさんと結婚してから洋服屋は始めたやんか。このおじいさんが、もともと洋服屋で仕事してはったから。このおじいさんのおかげで洋服屋は始めたやんか。だけどな、いま考えたらこのおじいさんもな、むちゃくちゃボケて、気が弱いねん。このおじいさん。自分がしよう思ってたやつ〔仕事〕取られてもな、普通私の気性やったらとことんするよ。押しのけてでも。せえへん。みんな成功して大金持ちなったけど。

——例えば工場やってはったときは、伯母さんと伯父さんと、そこで一緒に工場で働いてはった？

働くって私は……洋服いう仕事は、ここでぜんぶできへんねん。まとめ屋いうて、針入れしたりこのボタン付けしたり、これみんな配達せなあかん。また持ってきて、今度は仕上げ屋いうてアイロン専門にするとこあんねん。そこ持っていって、また持ってきて、ハンガーにみなかけて、それできれいにして、きれいにさせて一ミリでも狂ったら返品やん。

——伯母さんのところでやってはったのは、そこでぜんぶまとめて、つくるのもつくるし、まとめるのもまとめる？

そうそう。仕事はいっぱいあんねん。

（二〇〇八年一二月一〇日）

子ども五人大きさそ思たら大変や。私子ども背中におんぶしてミシンすんねん。そらもう、寝えへんねん。寝たら納品でけへんねん。これぐらいの山積みの洋服でも、いついつまでに納品せえ言うたらな。眠たなったら「オールピー」言うて、目開ける薬があんねん。薬局いってそれ飲んで、体のことも考えんとな。
　それをしてでも、これだけ納品したらお金がなんぼ儲かるて計算してな。そんだけ欲張って一生懸命やってきたわけや。私は大げさでなくて、人の三倍ぐらいやってきてん。

（二〇〇八年一一月三〇日）

「新楽園」と「シルクロード」

しかし、その洋服工場は延奎（ヨンギュ）伯父さんのタバコの火の不始末で焼けてしまう。伯母さんは工場をたたみ、すぐに焼肉屋を始め、それから喫茶店を開いた。焼肉屋の名前は「新楽園」、喫茶店の名前は「シルクロード」だった。

「新楽園は」四、五年しかやってないけど。そのときに、長瀬の「シルクロード」いう喫茶店の話を、うっとこ［私のところ］の焼肉食べながら、お客さんがしてるのをちらっと聞いたわけや。長瀬の大学通り［近鉄大阪線長瀬駅から近畿大学東大阪キャンパスまでの道］に売ってる店があるいうのを、おばちゃんが横取りしたわけや。これはまあ、いけんのちゃうかと思て。それがシルクロードの始まりや。（同前）

バイトいっぱいいるやん。大学生山ほど、交代ごうたいで入れるやんか。とにかくあの頃は面白かってん。それが年には勝たれへんでな、おばちゃんが六〇ちょっとなるかならんかでみんな片付けたやん。

――ほな、伯母さんが主にやってはったんはレジ？

レジでもするけど、お客さんをあっち座らしてこっち座らして、みなせなあかんやん。わんさわんさわんさ入ったら。

――席入れて、ごはんとかコーヒーつくらはったりとかそんなんと、またミヨコ［朴蘭姫伯母さんの通称名］の伯母ちゃんが韓国から手伝いに来とってん。

——あ、そうだったんですか。へえ。韓国から儲けに来てはってん。

（二〇〇八年一二月一〇日）

服ぜんぶ破いたってん

伯母さんと延奎伯父さんとの関係は微妙だ。私はこの話を初めて聞いたとき、つい笑ってしまった。でも、隣で伯父さんが無言で首を横に振っていたので、笑ってはいけないような気もした。でもやっぱり笑ってしまった。

だけどな、このおじいさんもな、気が弱いねん。自分がしよう、思てたやつ取られてもな、私の気性やったらな、とことんするよ、押しのけてでも。せえへんねん。勉強はしはるけど、中途半端。あのときおじいさんと一緒に働いてた人ら、みんな成功して大金持ちなったけど、うちらはそうでもない。

――そうですか？

おばちゃんはな、若いとき、おじさんのこと好きやってん。おじさんは私に対してものすご冷たいねん。それがいまでも腹立つ原因やねん。

――はあ

どうしてもごたごたして別れる羽目になったわけや。私の考えでは、絶対口だけで別れへんやろと思てたわけや。ほんまに別れる言うてな、区役所行って判だけ押したら終わりや。区役所行きおんねん、ぜんぶ書いて。もう、頭きてな。そこで服ぜんぶ破いたってん、上着。もう、ぜんぶ破った。裸。シャツは着てたけど。

――んふっ、ははは

（二〇〇八年一一月三〇日）

こういうのを恋愛感情と呼べるのかどうか、私にはよくわからない。このことだけでなく、伯母さんの話はわかりにくい。わかりにくいのにはいくつか理由がある。まず、話があちこちに飛ぶ。そして、時系列を追って話が進むわけではない。例えばこの話。

うちのお姉さん［蘭姫伯母さん］、私より二つ［三つ］上やけど、学校なんて一日も行かせんねん、うちの母親。私には学校に行け行け、邪魔やからおまえなんかうるさいって。

ほんでもな、私だけをうちのお母さん……ほんま差別やでいま考えたら。私だけをな、映画見にでもなんでも、たまにな、ちっちゃいときやで。どっか連れて遊びに行くのも私だけしか連れて行けへん。私だけを連れて行くのが不思議。

――そうやったんですか

うちの姉さんは女中さんや。女中さん代わり。一番上はそんなんやねんて。

――厳しいですね

むちゃくちゃ厳しい。あのブスは誰に似たんやとかな。あんなん言いながら、自分の子どもでも差別あんねんなあ。ほんでな、うちの姉さんはな、モリ［子守］したんは誠奎から、ずっと自分はモリばっかしやって、モリしながら。

ほんでここ［背中］あるやん。昔はな、このオムツとかないねん。オムツいうのは、こんなんしはんねん。これが赤ちゃんやったらな、これが赤ちゃんやったらオムツはな……。これが赤ちゃんで、これが頭やったら、こうしてな。こうして、ここを。

――ああ、お尻はもう出して？

お尻も下も垂れ流しやねん。ほんだら、うちの……。

――そんなの、背中しょってたらぜんぶつきますね背中つくから、うちの姉さんが言うたんいまだに覚えてるわ。この背中もおしっこやなんかでな、真っ黒なんねんて。もう汚いねんて。うちの姉さん特別黒い。うちのきょうだいでも、女はそこまで私らは黒ないねん、いまおる人は。

——そうですね

普通やねん。うちの姉さんは、ちょうど男の、うちの男兄弟より黒いというぐらい黒いねん。ブスやし、どっちかというと。黒いねん。だけど、そこへしっこしたもんやから、ここはいつもガサガサでな。これモリばっかりやらされて、こんなんやって私には言うてた。

そんならうちのお母さんは学校行け行け、うちの姉さんは学校行く行く行く言うのに行かせへんと、用事ばっかしやらしてな。それも勉強や、自分でやるねん。隠れてやんねん。

——伯母さん？

うちの姉さん、隠れてすんねん。村ででもな、一番、なんかの班長かなんか、なんかの婦人会の会長のえらい、とにかく誰もできへんことをしてん。一日も勉強させへんかったのに。手紙もちゃんとすんねん。

——え、そうなんだ。ほな字も書けて読めて

もうめちゃくちゃ偉い。びっくりする。用事しながらでも。せんかったら怒られるやん。私には［学校に］行け行け言うのに行きへんかったって、うちのお母さんは言う。

でもな、シルクロードやってるときにうちのお母さんが来てな、わんさわんさとお客さんが多かったやん、あのとき。近大生がな。うちのお母さんがな、計算ができるのかと私に言うたら、計算なんかできるわって。それだけでも良かったなあ、勉強せえ言うてもせえへんかったのにな。計算ぐらいできるわな、言うたった。できるやんか。レジ打ってなあ。

（二〇〇八年一二月一〇日）

この話で、伯母さんは少なくとも三つの時系列を行き来している。つまり、戦前・戦中に大阪に住んでいたとき（貞姫（チョンヒ）伯母さんが学校に通っていたのはその時期しかない）、済州島（チェジュド）に住んでいたとき、そして一九七〇年代に伯母さんが喫茶店を経営していたときだ。いろんな時期の、それぞれにかなり印象的な話が、一気呵成に語られる。同じ話を繰り返すことも多い。しかも繰り返すときに、大筋は同じだが、違う情報を付け加えるときがある。

何より、伯母さんの話は、歴史上の出来事と関連づけにくい。彼女はもしかすると、自分の体験を、ほかの歴史的な出来事との関係の中で理解していないのかもしれない。同じように「密航」した女性で、仕事を見つけたり続けたりするのが難しいと感じた人の中には、よりこちらにとってわかりやすい説明をしてくれる人もいる。同じ概念や語彙を使って、例えば「私は密航者で、外国人登録証がないから、この仕事にしか就けなかった」というふうに。しかし、貞姫伯母さんはそうではない。

歴史的な事実

私はしばしば、ある人が自分の体験を、私の知っているほかの歴史的な出来事と関連づけて話してくれるとき、その人の個人的な体験を歴史の中に位置づけて理解できたように感じてしまう。そういう意味で、貞姫伯母さんの話をいつも、自分が理解できていないように感じる。

誰かの生活史を聞いて、何かを理解するというのはどういうことなのだろう。何かがわかったような気がするときと、納得のいかないときとがある。しばしばそれは、どういう問いを抱いてインタビューに臨んだかによる。

私は伯母さんにインタビューしたとき、祖父が泣いたのはどういうときだったのか、伯母さんはなぜ日本に（再び）やってきたのか、やってきたあとどう暮らしていたのかを知りたかった。それに対する答えは得られた。

それでも私は長い間ずっと、伯母さんの話をどう理解すればいいのかわからないでいた。伯母さんの話があまりに個人的で、ほかの事件と関連づけにくいからだ。伯母さんのインタビューを引用したところで、先行研究と結びつけにくいのだ。

しかし、この結びつかなさもまた、いやこの結びつかなさこそ、歴史的な事実なのだろうと思う。つまり、四・三事件を「四・三事件」として語らないことや、大村収容所を同時期に起こっていた抗議行動やそれへの弾圧にもかかわらず、「ものすごい面白」くて「めっちゃええ」場所として思い出すことそれ自体から、私たちは情報を引き出せる。

四・三事件が語られないことは、伯母さんの個人的な特徴（つらい記憶や悪い思い出を、少なくとも私には、話さないこと）以外にも、もしかすると四・三事件の深刻さを物語っているのかもしれない。大村収容所が「ものすごい面白い」場所だったということから、伯母さんのそれまでとそれからの生活の一端がどのようなものだったのか、想像できるかもしれない。

そして、歴史をそのような形で、たった一人で持ち続けている姿を聞くことが、もしかすると、生活史を聞くということなのかもしれない。

そういう意味で、貞姫伯母さんは、船の上で暮らしていた朝鮮人たちと、楽しくて仕方のなかった済州島の日々と、ものすごい面白かった大村収容所と、賭博に明け暮れた父親と暮らした大阪の生活と、社長になりたくて人の三倍やってきた日々の歴史を、一人で背負っている。一気呵成に同じような話を繰り返し繰り返し、大声で話しながら。

第四章

親族の中心

——朴誠奎伯父さん

誠奎（ソンギュ）伯父さんは怖い。なんといっても顔が怖い。声も大きい。口調も乱暴だ。

私の両親が結婚する前、父親が母親を「兄貴たちに会わせる」と言って、私の母は初めて父の兄たちに会った。すると、待ち合わせの時間に、転回禁止の場所で白い車が大きくUターンして、父親と母親のすぐ目の前に停まった。

車のドアが開いて、白いスーツにサングラスの男性と、紫色で背中に鶴が飛んでいる柄のアロハシャツを着た男性が、車から降りてきた。母は父に、「ねえ見て、大阪って本当にヤクザがいるのね！」と話しかけた。すると、父は小さな声で「兄貴やねん」と答えたらしい。

年に三回ほどある祭祀（チェサ）のときには、誠奎伯父さんはいつも中心にいた。祭祀のときは男性の大人が集まって酒を飲む席と、女性と子どもが集まって食事を出したり食べたり片付けたりする部屋が分かれていた。そしてときどき、伯父さんが子どもたちを呼び出して、学校の成績について質問する。

質問といっても「お前の学校の勉強はどうやねん、一番か」という程度のものだ。そして「一番です」と言うと現金を渡される。事実かどうかは調べられない。私はだいたいいつも「一番です」と答えてお金をもらっていた。ついでに言うと、正月の祭祀では新年の挨拶を韓国語でするとお年玉が増額された。

確か小学校五年生ぐらいのとき。いとこの披露宴で、誠奎伯父さんと同じテーブルについた。伯父さんはいつものとおり、父親やほかのきょうだいたちとお喋りしていたが、何の拍子か、こちらに会話の矛先が向いた。そしていつものように、「おい、お前ら、勉強しとんのけ」と訊いた。父親が「まあまあやな」とお茶を濁そうとしたが、それでも「一番か」と質問した。

父親は「そら一番や」と適当に答えたが、私はつい「常に一番じゃないと思います」と言ってしまった。そりゃテストはいつも満点だけど、中学受験のために塾に行ったり家庭教師をつけたりしている同級生とは違うだろうから、と答える代わりに、私は確かこんなふうに答えた。

「ほかにもっと、頭のいい同級生がいますから。私は本を読むのは好きですが、算数が得意ではありません」

本当にこんな喋り方だったと思う（いまにして思えば、小学校のころ、私はだいぶおかしな喋り方をしていた）。この口調が伯父さんの癪に障ったのか、クラスで一番でないのが気に食わなかったのか、伯父さんはやや不機嫌になった。

「おい、お前、口先ばっかしやな。賢そうなことばっかし言いおって、ほんまのところはなんもできんやつじゃ」

一字一句同じかどうかはわからないが、伯父さんはそういうことを言った。父親は父親で、口先だけでも何もないよりはマシじゃ、とかなんとか言った。私は悔しいやら悲しいやらで泣き出した。

私が泣き出すと、伯父さんはどうも驚いてしまったらしく、さらに何か言いつのったが、私はもう聞いていなかった。伯父さんの言うことが当たっているように思えただけに、言い返せないのも悔しかった。私は思いっきり泣いて、披露宴会場から出て、トイレかどこかでもっと泣いた。母親や伯母さんたちが来てくれたけれども、事情は説明しなかった。

あのとき伯父さんが言っていたことは、そんなに外れていないと思う。いまでもときどき思い出す。

——ほんまのところはなんもできんやつじゃ。

いまでもまだ否定できないのが残念だ。

そういうわけで、伯父さんから話を聞くのは、正直言って怖かった。取って食われたりしないだろうか。いやしないだろうけど。でも威嚇してくるだろうな。

そう思ってインタビューのために連絡を取ったら、確か二回目に駅まで迎えに来てくれたときは、黒い大きな車でやってきて、サングラスをかけていた。胸元にはなぜかスヌーピーが刺繍されていたが。

和歌山への疎開

父が取り寄せた戸籍によれば、朴誠奎（パクソンギュ）伯父さんは一九三八年一月、済州島朝天面（チェジュドチョチョンミョン）新村里（シンチョンリ）で生まれた。その一年後には、一家は神戸市葺合（ふきあい）区（当時）に移り、一九四二年には大阪府布施（ふせ）市（当時）に移っている。伯父さんは布施で小学校に入学した。

小学校二年生の冬頃、伯父さんたちは家族で和歌山県のどこかに疎開する。疎開と言っても、実際のところは夜逃げのようなものだった。というのは、こういう事情だ。

> ほなもう天皇陛下やって、あの、通るいうたら、頭上げたらあかん。そんな時代や。で、戦争、空襲警報のときにね。先生らでも、ちょっと泣いたらばちばち［はたかれる］。
>
> で、空襲警報いうたらな、あのときに、まあコッペパン、もろても、アメリカのな、飛行機が来てるいうたら、もうはよ持って帰れ、帰れ、帰れいうて家帰らすわけ。で、それで帰って、もう、［飛行機が］来てるいうたら、防空壕にいて。あの、なんか頭巾かぶって入ったり。

――伯父さんもそれ、そういうのしはりました?

ああ、したした。うーん、した。そういう時代で、うちの、二番目の兄貴が悪いことしたわけや。その、倉庫あらしみたいなことした。で、そういうとこで銭握って、そしたら警察、つかみにくるやろ。それから私らは、疎開兼逃げる兼、和歌山行った。

（インタビュー、二〇〇八年七月二四日）

そう、どうも私の親族たちは、朝鮮の解放より早く、済州島に戻っていたようだ。
しかも、どうもあまり自慢できない理由で。
なお、この「二番目の兄貴」というのは朴仁奎（パクインギュ）という。「セッソン」と呼ばれていた。色が黒くて髪が白くて、顔が大きくて声も大きかった。「セッソン」というのがどういう意味なのかはわからない。

和歌山のどっかからかは知らんけど、大阪港か、どっか知らんけど、港についたら、人がようけおんねん。陸地（りくち）の人ばっかしや。

ほんで、うちの両親と、クンソン［長兄］とセッソンと姉さん二人と、わしと東奎(トンギュ)と、ほかの人らようけと一緒にでっかい船乗ってな。貨物いうん？　荷物乗せるところに人いっぱい詰め込んで。あのころはちょうど沖縄やらむちゃくちゃにされとる時期で、日本の警察も何もなくて、静かやってん。

（二〇〇八年五月二二日）

途中で台風に遭うてな。エンジンが止まってしもたんや。ほんで船めちゃめちゃ揺れて、みんなぐしゃぐしゃや。うちのクンソンとセッソンはもう大人やったから、喧嘩なっても強かったけどな。体ぶつかったり、なんやいろいろするやろ。せやけどなんとかひっくり返らんとな、旗揚げたりして、助けてもろてんや。ほんで連れて行ってもろたんが山口港や。

（同前）

この部分は朴貞姫(パクチョンヒ)伯母さんの話とほぼ同じだ。しかし、貞姫伯母さんは、自分の父親が声を上げて泣いたという話を繰り返したが、誠奎伯父さんからはそういう話が出なかった。伯父さんはそのことを見ていないのか、覚えていないのか、それとも話したがらなかったのか。だとすればその理由はなんなのか、それはわからない。

朝鮮に戻る

山口港で数日過ごしたあと、一家は釜山(プサン)に向かう。

関釜連絡船は一九四五年四月一日以降、博多港から発着していた。その後、空襲や潜水艦攻撃、機雷の投下によってしばしば発着港を変更し、四五年六月二〇日には関釜・博釜の全連絡線は他航路に転用されることになった。[1] 伯父さんの言うとおり、本当に山口港から釜山へ戻ったのだとすれば、公的な連絡船を利用したとは考えにくい。

一九四五年夏、伯父さんたちが帰ったころ、済州島では日本軍が大幅に増員され、島内各地に基地がつくられている最中だった。現在の済州国際空港の前身である済州東飛行場は、一九四五年五月に着工され、地域住民を動員しながら建設が進められていた。

済州島に駐留していた日本軍は、一九四五年一月には一〇〇〇人に満たなかったが、「本土決戦」に備えた作戦(「決号作戦」)の重要地点とされたため、同年八月には関東軍二個師団を含む四個師団半(八万四〇〇〇人)が駐留することになった。[2] 日本軍は済州島を、沖縄に次ぐ「本土決戦」の要地として、住民を巻き込んだ全面戦争を展開する用意を調えていたようだ。

といっても、伯父さんには済州島で兵隊を見たり、彼の父や兄が労働に駆り出されていたり、という記憶はない。

——家で、大体どんなん食べてました？

麦や粟や。麦と粟と、そういうご飯とやで。もう、おかずいうたら、もう、肉みたいな、牛肉は一切ない。あっこ、豚が専門やろ。豚の肉はまあ、たまにある。まああとは魚。で、漬物。お漬物いう、まあ野菜でつくったようなやつ。ニンニクとかね。ニンニク漬けたやつとか、魚もチャリ、チャリいうやつ［クロスズメダイのこと。なお、この魚を取るための船（筏）を「チャリペ」という］茶色い小さいやつをね、年がら年中食べるように塩で漬けておいて、で、一匹ずつ。一回ご飯食べるのにひとつぐらい、それをおかずで食べた。（二〇〇八年七月二四日）

食べ物の話になると伯父さんは多弁だ。

法事やいうたら、食べ物のため。法事行って白飯と肉も食べられる。それでお母さん、ね、子ども走ってついていったことも鮮明に覚えてる。

――そうなんですか。みんなでそうやって山ん中を歩いて

それ、食べるの法事やん。それでね、食べ物がおいしい。家ではそんなご馳走あれへんよ。法事のときしか。

――伯父さんも釣り行かはったりしました?

釣りには行ってない。

――あ、釣りは行ってはらへん

行ってはない。私は、あのー、村の、まあ、いうたら、夜、イカ釣りに、夜イカを。

――イカ？

うん。そんな遠いの行かんでいい。岸でとれる。

――岸でとれるんですか、イカは

うん。イカはね。電気つけ、みんな、知り合いと。あんた、小学校一、二年のときついていって。で、みんなと、こう、やったことがある。で、釣れんから言うてな、わしゃ釣り方もあまり理解せんけど、釣ったやつを一個もろたりして。で、家持って帰って、釣ってきたよ、いうて、ごっつ喜ぶん、お母さん。（同前）

済州島での生活

こういう話を聞くと、済州島での生活は楽しかったように思える。しかし、実際には「原始時代」というくらいだったらしい。

そうそう。そういう楽もしたいけれど、まあこれはあかんいうことで。で、もう生活も家もしんどうて。夜も真っ暗で、あの、石油の。

——ああ、ランプ

ランプね。あれ。もう、意地でも遠いところから、こういう。

——担いで

うん、担いで持ってく。ほんでまたね、しょう油となんかも、みな自給自足や。自分らで、豆で、うちのお母さんのでも、豆をな、こうして、みんなこう。

——握って

握ってね。それをじっと発酵さすんかな。あと、どないなってんのかなーて見たら、もう白いウジ虫いっぱい。それでも、それのけて、それで。

——しょう油？

しょう油の代わりにしたり。すべてが、もうそれは、ここでもそりゃ貧乏してたけど、めちゃめちゃもう、本当の田舎の、原始時代の、ね。もう洗濯とか、あの海辺のほう行ったりで、して、叩いて。

——それは伯父さん、一緒に行かはったんですか？

ああ、それも一緒に行くがな。お母さんにね、僕が小学校一年のときやから。ね。まあ、お母さん、ちょっとした、来るな言うてもついたりしとるとき。で、海が近くやから、夏はしょっちゅう行っとるから。だから、泳ぎはまあ、まあまあ泳げるわけ。うん。海に泳ぎに行ったからね。だから、そこでうちの東奎（トンギュ）が一年かな。（同前）

この話を聞いたときはつい笑ってしまった。「来るな」と言われてもついて行っていたんだな、伯父さん、かわいかったんだろうな、と。いまは見る影もないけれども。

――あのー、小学校には向こうで行ってはります?

行ってる。

――四年ぐらい

五年ぐらい行った。うんうん。

――あのー、その頃の学校の様子とか、その友達と遊んでたこととかって

うん。そのときの友達はいまものすごく仲良くて。いま現在。日本で、その小学の同級生の会がしょっちゅうある。食事会もあるし、いま、そういう会があるわけや。

――あの、どういうふうに遊びをしてはりました?

遊ぶときの遊びいうたらね、あのー、えー、一〇円玉みたいなやつを、銅みたいなやつを、こういう缶に、こう丸めて、こう上、こう、あの。

——羽みたいに

タコの羽みたいにして、で、足で蹴るやつ［チェギチャギという、蹴鞠に似た遊び］。あれはもう、わしらでも、一〇歳そこそこのときや。あれ、いまでも、それなんぼでもできる。つくったらね。一〇円みたいなやつ置いて、それ、上をはねて、こうつくってね、はさみで入れて。で、その遊びと。それと凧揚げ。

——凧揚げ？

うん。凧は、凧同士の糸が絡み合って、切り合いや。

——あ、そんなんあるんですか

うん。ああして、もう冬も。あれ、冬の遊び。で、サッカーはいつも年がら年中と。で、コマ。コマをね、いま言うてるここの、あのー、木でつくってやで、自分。こう。

——削って

うん。みんな来よるねん。それで、それもね、あのー、ここの、コマはこうして「手で回して」するやん。そうじゃないねん。この、木で、こう長いやつ、端にきれを、こう、つけるわけ。で、あれを巻いて、ぱって回して、あれでぴゅ、ぴゅなって、また、ぴっ、なって、こう回る。

——あー、なるほど

そういう遊び。そういうことしたりね。ほいで、今度、運動場で、小さな、ボールもそんなにいまみたいにないから、蹴り合い。サッカーみたい。

――ボールじゃないんですね

まあ、ボールや。ボールやけど、もういまで言うボールじゃない。

――あんなゴムみたいなんじゃなくて

全然違う。もう小さいボールをね、どこかから、まあ拾ってくるんだよ。もうそれをみんな、いまで言うサッカーの試合をするわけ。ボールもちゃんとあるけれど、小さい、こんなボールやで。野球ボールみたいな。あんなんで蹴り合いする。それも、裸足で。もう運動靴履いてるんものすごい金持ちの子。もうそんなんで、もう、遊んでたよな。そういう、なんやこの、どう言うかな、団結心やんか。（同前）

解放後の混乱

実はこの時期、済州島(チェジュド)は解放後の混乱の中にあった。朝鮮の解放に伴って日本から帰還してきた島民はおおよそ六万人。一世帯に一人以上が日本に出稼ぎに行き、送金に依存していた済州島には、この大量の引揚者を受け入れる経済的基盤はもちろんなかった。

一九四六年六月には、南朝鮮ですでに流行の兆しを見せていたコレラが済州島に上陸した。米軍政によれば、同年八月三一日までに三六九人、南朝鮮全体で七一九三人が死亡している。[3]

さらにこの年、台風などの天災と、半島部から食糧が送られてこなかったことが重なり、済州島全域が食糧不足に見舞われた。

——あのー、その、コレラが流行ったいうことありました？

コレラに。

——コレラが来たらあかんいうて

うん。菌を何するんいうて。もうそれが伝染病のね、なんや、したことある。

——あ、その、道に番をして、外から来る人は来たらあかんいう

そうそう。よその人を、まっすぐと、まあ、行ける道やから。この村へは入らせん。そういうところの経験ある。

——そうなんですか

うん。最初と一時。コレラ菌、流行った。

——そうですね

うん、流行った。あれは、昭和二一、二年だと思うんやね。それは帰って間も

なくやと思うわ。それ、体験してる。

——飢饉いうんか、ご飯足りんいうようなこともよう、あったんと違いますか？ 済州島で？

——はい

いやいや。

——それはないんですか？

ないない。済州島では、その、米がない。麦、粟もたくさん、とらせて、食べられるし、私らも、いま言うてる、家も買え、畑も買え、牛も馬も買え、それをしたわけ。

ところが、そういうね、そこの現地の人は、馬でも訓練さして、そういう馬車みたいにして、荷物を、する［運ぶ］わけやん。そんなことできへんもんやから。無理やりして、馬がほんで暴れて、むちゃくちゃやって周りつぶしたり［村や畑の一部に被害を与える、という意味だと思われる］」。（二〇〇八年五月二二日）

このとき、誰が「無理やりして」いたのかは、すでに親族の中では有名な昔話になっていた。例のセッソンこと朴仁奎（パクインギュ）伯父さんだ。彼はこの馬事件、つまり慣れていない馬に無理やり乗ろうとして馬が大暴れした、という一件のすぐあとで、大阪に戻ってしまった。そもそもあんたが原因で済州島に行ったんちゃうんかい、と突っ込んでしまうが、まあそういう人なのだろう。

この「昭和二一、二二年」、現在の韓国（当時は南朝鮮）は政治的にも経済的にも大混乱を迎えていた。ソウルでは左右の政治勢力と米軍政とが衝突を繰り返していた。地方では急激な物価高と食糧不足を理由とした暴動が起こっていた。済州島もまた、朝鮮半島、いや北東アジア全域で起こっていた熱い「冷戦」から自由ではなかった。

解放直後に南朝鮮各地で生まれた人民委員会（共産主義勢力の影響を受けてはいたが、地域によって人選は多様だった）は、済州島では「地方の名士」ともいうべき人々が参加していたため、半島部の人民委員会が米軍政と衝突し解散させられていたのとは対照的に、衝突なく生き残っていた。

しかし、それは逆に、済州島を人民委員会が支配する「アカの島」として目立たせることになってしまった。

一九四八年二月に、三八度線以南の南朝鮮地域のみで国政選挙を行うことが決定されると、済州島人民委員会はそれに反対した。南朝鮮の共産主義勢力が結集してつくられた、南朝鮮労働党（南労党）が反対運動の中心を担っていた（李延奎（イヨンギュ）伯父さんが参加していた、あの南労党だ）。

すでに済州島には、半島から多数の警察官や右翼青年団が派遣されてきていた。言葉や服装・習慣の違う島民に対して差別感情を隠すこともない、これら「陸地（ユッチ）」からの人々に対して、島民の間で不満や怒りが高まっていた。南労党済州支部は、南朝鮮の単独選挙に反対して、一九四八年四月に、済州全島で反対運動を起こすことを決定する。

一九四八年四月三日未明、漢拏山（ハルラサン）中腹に上がった烽火（のろし）と信号弾を合図に、島内各地で警察支署と右翼民間人の家が襲撃された。この日の被害者は死亡者が一四名、負傷者二五名、行方不明者二名、逮捕者一名。いわゆる「済州四・三事件」の決定的な日だ。

済州四・三事件

二〇〇〇年一月に公布された「済州四・三事件真相究明および犠牲者名誉回復に関する特別法」は、済州島四・三事件を「一九四七年三月一日を起点にし、一九四八年四月三日に発生した騒擾（そうじょう）事態、および一九五四年九月二一日までに済州道で発生した武力衝突と鎮圧過程において、住民が犠牲になった事件」[4]と定義している。

一方、四・三事件真相究明特別委員会はより詳しく、「四七年三月一日、警察の発砲事件を起点とし、警察・西青［西北青年団（ソブクチヨニヨンダン）］の弾圧に対し、抵抗と単独選挙実施・単独政府樹立反対を掲げ一九四八年四月三日、南労党済州団武装隊が武装蜂起して以来、一九五四年九月二一日、漢拏山禁足地域が全面開放されるときまで済州島で発生した武装隊と討伐隊間の武力衝突と、討伐隊の鎮圧過程で数万の済州島民が犠牲になった事件」[5]と定義している。

なお、現在の韓国では、漢拏山地域に立てこもり、南朝鮮単独選挙・単独政府反対を掲げて警察・米軍・右翼団体に攻撃を加えた側は「武装隊」、民間人も巻き込んで攻撃を加えた米軍・韓国軍（一九四八年八月一五日以降）・警察官・右翼団体は「討伐隊」と呼ばれている。

「武装隊」といっても、蜂起当初は竹槍・斧・鎌などを中心とし、銃火器も旧式のものを三〇挺(ちょう)程度、米国製カービン銃六挺、日本製小銃一挺、弾薬一一九発を加えたに過ぎない。数万人もの犠牲者を出す惨劇の始まりにしては小規模な、蜂起というよりも地域的な暴動といったほうがふさわしいような始まりだった。

二〇〇一年現在、被害申告者数は一万四〇二八名（死亡者一万七一五名、行方不明者三一七一名、後遺障害者一四二名）、被害を受けた村落数は三〇〇カ所以上、家屋の被害は二万余戸・四万余棟にのぼると推定されている。被害申告者の八五パーセント以上が政府・軍・警察・右翼青年団などの「討伐隊」によって被害を受けており、被害申告者のうち一〇パーセント以上が六一歳以上の高齢者と一〇歳以下の子どもである。

一九四八年五月一〇日、南朝鮮単独選挙が実施される。島内一三の邑・面のうち七つで選挙妨害があり、五月七～一〇日の四日間で、警察官一名、右翼青年団員七名が死亡、警察側の攻撃によって武装隊二一名が死亡している。

翌一一日、全国二〇〇の選挙区の中で済州道北済州郡甲区（投票率四三パーセント）・乙区（四六・五パーセント）が、それぞれ投票率が過半数に届かず、投票未決となる。

五月一〇日以降も武装隊の攻撃は止まず、六月一〇日、米軍政は済州島での選挙の無期延期を発表した。

単独選挙の失敗以降、米軍政は済州島を軍政最大の障害物と見なし、強硬な鎮圧作戦に乗り出した。南労党を中心とした武装隊は、南朝鮮単独選挙に対して地下選挙を行い、さらに金達三（キムダルサム）を始めとした武装隊中心メンバーは八月二一～二五日に北朝鮮の海州（ヘス）で行われる「海州会議」に参加するために済州島を秘密裏に脱出した。

この地下選挙と海州会議への参加によって、済州島での武装蜂起が朝鮮半島情勢に直結したものであるということが示されてしまった。

つまり四・三事件は、当初は警察や右翼団体に対する地域住民の蜂起といった性格が強かったにもかかわらず、この会議以降、済州島の状況は朝鮮半島分断をめぐる南北の、さらにはその背後にいる米ソの対立に巻き込まれていくことになったのだ。

——なんかその、四・三事件みたいなこととか、これはどうなんやろみたいなこととか、なんかありましたか？　見たり……

あー、小学校の裏の西のほうに、校長先生の家があってん。いまでも知事やったら知事舎とかあるやろ。

——はい

あれと同じで校長舎があってん。そこの家の庭でな、拷問。拷問いうたら警察署かと思うか知らんけど、あいつらどこでも関係なしや。家の周りの石垣な、あっこ、済州の石垣はセメントなんかで固めてあるんと違うから、穴だらけや。そこから同級生と二、三人でな。

——見はった

ひどいもんやで。殴る蹴る、口から熱湯入れたり、両足を木に縛り付けて踏むねん。音するやろ、折れるやろ。

——うわっ

ほんで気絶したら水かけてまたやる。あのー、晩に、うちで夕飯食べとったら何あれ、軍隊が来て、外出ろ言うんや。銃持っとるやろ。出ろ言われたら出な、逆らったら殺される思て。

ほんで集められたんが小学校の裏や。村で一番でかい畑があってな、村の人らみんな集められてん。ほんで、機関銃ばーって並べてんのが見えて、お前ら山［漢拏山中を本拠地としてゲリラ戦を行っている島民たち］とつながってるやろいうことで、ほんで、まあ言うたら、この村みんな殺してまえいうことやってん。

——それ、いつ頃でしょう。季節は？

夏はもう終わってた、せやけど寒なかった。秋やないか？　ほんで、あれ二時間、ずっと立ってて。　（同前）

死ぬいう意味がわからんかった

一九四八年から四九年にかけて武装隊の司令官だった李徳九（イドック）は、新村里（シンチョンリ）の出身者だった。誠奎（ソンギュ）伯父さんが語ったこの夜の出来事は、おそらくそれに関連していたと思われる。しかし、新村里の住民はすんでのところで虐殺を免れた。

新村の町長さんと、警察署長いうんか、偉い人がおって、その人が助けてくれたんや。この村の人らは関係ない言うて、軍隊説得しもって、二時間ぐらいしたら家帰ってええて言われて、ほんで助かったんや。（同前）

——怖いいうことはなかったんですか

皆、畑へダーンと並べさして、山とお前ら連絡、一緒にやっとるやろ言うて殺そうとしたときも、それでもあとでわかったけど、当時全然わかってない。なんでこんな集まってるんかわからん。出てこい言うんも。

で、あとでみんな殺しのなんやいうても、まあ、死ぬいう意味がわからんかった。いま考えてみたら、怖いいうことがわからなんだ。あの当時はね。

（二〇〇八年一〇月七日）

新村里の別の住民たちの証言によれば、このとき、村人が集められる中で村の有力者や警察官が行き来し、話し合って事態を決めた。

誠奎伯父さんの語る「警察署長」は、別の証言では半島からきた軍人、顔に赤いあざのある、「チミドゥンイ［赤いあざ］」と呼ばれた人物が軍隊を説得したと語られている。[6] しかし、二〇一四年に行われた調査では、「一九四九年一月一九日、新村国民学校（小学校）が武装隊の襲撃を受け焼けるや、二連隊三大隊の軍人らが住民たちを学校に全員集めた後に機関銃で撃とうとしたが、朝天支署のキム・スンチョル巡査（西北青年団出身）が「俺に向かって撃て。俺が責任を負う。」として、キム・チド巡査、新村国民学校のチェ・ジョンチョル教師などと共に住民たちを救命した」とされている。[7]

せやけど、そんときにクンソン［長兄］とうちのお父さんが引っ張られて行ってしもて、いろいろ取調べを受けるわけや。済州市の警察署か何かに。ほんで、小学校火つけたんはお前らか、山のやつらとつながっとるか、知り合いおるかいうこと聞くんや。

お父さんは違います、私は関係ないです言うて、嘘つくないうて何発か殴られたけどすぐ釈放された。せやけどクンソンが、韓国語ようわからんとな。

――え、はあ

そんなんわかれへんねん。周り見とって、とりあえず「ハイ、ハイ」言うてる人らは殴られてないから、ほな自分もそないしといたらええ思て、「小学校火つけたんはお前か」「ハイ」「お前、山のやつらとつながっとるんか」「ハイ」とまあ、こんな調子や。

――えっ、それはちょっと

それで、一番あかん、一番悪いやついうことにされてしもた。そうなったら、陸地のほうに送られて裁判、死刑か無期懲役や。（二〇〇八年五月二二日）

このときにはピンときていなかったが、長男であるクンソンの伯父さんが「韓国語ようわからん」というのは、考えてみれば当たり前のことだった。クンソンの伯父さんは確かに済州島で生まれ、一一歳ごろまでは済州島で暮らしていた。それから神戸や大阪に移住し、ほとんど学校には通っていない。

彼が理解できたのは済州島の言葉と大阪弁で、済州島の言葉は「陸地（ユッチ）」すなわち半島部の、いわゆる「韓国語」とはまったく異なる言葉だった。

お母さんがな、うちの村から済州の市まで、八キロあんねん。それをあいつ、元奎（ウォンギュ）おんぶして毎日通って。うちのお母さんは、学校なんかなんも行ってないけど、めちゃめちゃ口がたつねん。いまやったら弁護士なれるいうぐらい。ほんで、毎日通って、嘆願やら交渉やら、物贈ったりいろいろしたらしいけど、向こうの判事の奥さんか誰かが口添えしてくれて、それで釈放なってん。

――そんな理由やったんですか

せやけどむちゃむちゃ殴られて、警察引っ張られていってむちゃむちゃするやんか。

――はい。クンソンの伯父さんもハラボジ［祖父］もいま言うてる、一番上がやばなってきたわけや、いろんな意味で。もう、へたにしたら山からも殺される場合がある。またこっちの軍隊からも。でそのときに帰ってきて、もう、とりあえず日本行かさなあかんて、うまいこと行かしてもたわけや。（同前）

海辺の村だった新村里（シンチョンリ）には疎開令はなく、村も焼かれることはなかった。しかし、だからといって安穏と暮らせたわけではない。新村里の被害状況が声高に語られることはなく、「比較的被害は少なかった」[8]と見られていることが多い。

しかし、実際の死者数を見ると必ずしもそうとはいえない。済州四・三事件真相究明委員会による報告書によれば、二〇〇三年一二月時点での被害申告者総数一万四〇二八名中、新村里の被害者数は二二〇名。これは朝天面（チョチョンミョン）内で三番目に、済州島全土で一二番目に多い[9]。

報告されていないものを含めれば被害者の数はもっと多くなるだろう。被害を受けた人々こそが語っていないのかもしれない。いまなお語ることが難しい状況が続いているのかもしれない。

村人の虐殺

一九四八年一一月一一日、武装隊が隣村の朝天里を攻撃した。一二日、前日の捜索で新村里を訪れた討伐隊によって、二〇代から三〇代前半の青年五名が虐殺されている。[10]

一一月一六日には、新村里近くの丘で虐殺された村民を埋葬していた四名が討伐隊に銃撃され、三名が死亡している。

一一月二六日と二八日には、五二歳の女性と二〇歳から四〇歳の村の青年たちが村近くの砂浜や丘で銃殺された。時期は明確ではないが、一八歳から三九歳の村人五名も同じ頃に逮捕され、銃殺されている。[11]

あれは、もうほとんど、まあ言うたら、あのー、まあ終わりかけいうか、大体ね。

――こっち来るちょっと前ぐらい

うん、もう軍隊が、もうばーなってきたわけや。そういうときに、連絡係をつかんできて、それで、まあ、いうたら。

――連絡係

うん、で、あいつをな、まあ、いうたら、坂なってる畑や。で、そっちのほうへ、あのー、お前来い、お前出てこい言うて、まあ、四、五人ずつ。だら、四、五人並べさして、で、あの、人は三人や。金日成（キムイルソン）万歳、言わして、歌、歌わされて。

――歌、歌ったと

うん。なんか、向こうの歌ね。北朝鮮。んだら、殺す、そうせなあかんやん、軍隊。それから、行けー言うて、まさに、ばー、槍で刺しに行くわけ。このはちまき、みんなくくってあんねんで。で、ばーんみんな刺されるわけや。それを交代交代して、最後に鉄砲で、銃で、あのー、兵隊がね。それは私が見たやつ。

——それは、学校の校舎とかから見たんですか？

うん。あの運動場。

——運動場？

運動場残って、畑も。

——あ、その畑で、そういうことをしてた？

そうそう。うん。で、もう、その時分には、その「ハンチョン」、韓国青年同盟かなんか言うてね、韓国の青年団もおるんやで。それに引っ張られて、その殺すとこ、まあいうたら、ものの五〇メーターぐらい先や、ちょっとこう、前まで行ってね。そこを四、五人ずつ、その、前へ並べさして、交代交代で。で、その軍隊は、あの、大きなM1いうて、八連発のアメリカ製の鉄砲持ってるよ。あんなもんで一発撃っても、ばん、ばーん。ものすごいきついやつや。ピストルとか、そんなわけが違う。そんなん持っとる軍隊はおるわけや、何人か。で、その前でやらす。

――やっぱりそれは、なんやろう、そういう日頃の、なんていうのかな、その、そういう毎日ので、やっぱり怖いって思わはります？

そのときのわしの気持ちはね、怖いいうね、イメージはね、本当なかったね。

――あ、そうなんですか？

うん。小学校、あれ一、二年のときやけどね。殴るもんでも、普通の殴るちゃうやん。そやけど、こう穴から見て、あんなもんかなとか。ただかわいそうやなとか、なんか、怖いとかいう感覚はなかった。

――あ、そうなんですか

もうやっぱりそんな考え方、その、小学校一、二年のときやから、そりゃもうちょっとね、もうちょっと五、六年になったら、そりゃ怖いとかいうけど、その当初、いま考えても、怖いとは。あんだけね、みんな出てこい言うて、畑だーん並べさして、それでもあとでわかったけど、その当時全然わかってない。

──なんでこんな集まってんのやろいう

集まってるのはわからん。出てこいいうのは。で、あとでもみんな殺しをされたかもしれんけど、でも、死ぬのが、死ぬ意味がわからん。小学校の、まあ、いま考えてみたら。だから、怖いいうことはわからんかった。あの当時。

（二〇〇八年七月二四日）

一二月に入っても、村人への攻撃は続いた。

一二月初旬、村に残っていた青年二名が軍隊に連行され、一六日に処刑された。村の青年たちには自首しろという命令が伝えられる。隠れ住んでいた住民たちが、生命の保証を得るために進んで「自首」し、朝天面内で二〇〇余名が新村里に隣接する咸徳里(ハムドクリ)の国民学校に出向いた。

しかし二一日、咸徳国民学校に収監されていたこれらの住民たちは、済州邑内のパクソンネという川岸までトラックで運ばれ、そこで銃殺された。死体はガソリンを撒(ま)いて焼かれた。このときに確認された新村里の住民は、一九歳から三一歳までの八名である。[12] 一二月二〇日前後には、別の村で七〇人あまりが討伐隊によって殺害されている。

漢拏山の樹海

この頃には、誠奎伯父さんは小学校に通わなくなっていた。小学校の様子について、ほかの新村里出身者は、教員が交代で「山」にいってしまい、ひと月に一回ほどしか学校に来なかった、たまにやってきた教師の顔が真っ青で、「病気みたい」だったと語っている。[13]

　あの、夜に、小学校が放火されてん。山のほうや。ほんで、村のもんに出てこい言うてな、行ったら学校は燃えとるし、演説しとるわけや。演説の内容が、ここおったらみんな殺される、山行かなあかん、生きるためには山入って戦わなあかんいう内容やった。

——あー、戦わないと殺されるいう

ほんでわし、そんとき小学校三年生か四年生や。四年やったかな。山行く人らについて行ってしもてん。

——伯父さん一人だけですか？

四、五人一緒やったわ。

——ほんで、どないしはったんですか

漢拏山（ハルラサン）の周りてな、樹海やねん。山梨県みたいなでかいのんと違うけど、あれと同じで自分がどこおるかもわからんなってしまう、ほんで死んでしまう。自殺

の名所とかもあるやろ。こっち［済州］の人はそんなことせえへんけど、似たよ

うなもんやから、普通の人は行かへん。せやけどそういう山の中に薬になる草が

生えてる言うて行く人もおんねん。

――へー、なるほど

そういう人らは道も知ってる。そんとき一緒に行った人らの中にそういうおじさんがおってん。そのおじさんについて行ってん。いま思い返してみても、なんであのときに家族のこと考えなんだか、わからへん。生きたいいう思い、これでいっぱいや。それしか考えてない。せやけど普通、家族も一緒に行こうとか考えるやろ？

――でも、それは伯父さん、小さかったし

うちらの村から漢拏山の樹海入るまで、二〇キロはあると思う。それを無我夢中で歩いて、樹海入ってから一服して、そこではじめて、「あ、うちの家族どな

いなってんにゃろ」て思た。

――それは、怖くなかったですか。家族もいいひんし。

むちゃくちゃ怖いよ。静か。

――山の中が、静かなんですか

遠くからボーン、ボーン、て、鉄砲か大砲かの音が聞こえてくるんや。

（二〇〇八年五月二二日）

新村里出身で、四・三事件勃発時には済州邑（城内）に住んでいた李健三さんは、次のように述べている。[14]「ほんで、しばらく経ったら山のほうから大砲の音がしますねんね。で、一日中大砲の音するんですよ。ボーン、ボーンて、間隔あけて」「それがもう何日も続いてましたね。それで、結局、あれまあ、言うたら徳九（ドック）らと村と、あの……ま、言うたら兵糧攻めみたいなのやったんと違います？」

誠奎伯父さんの聞いた大砲の音は、もしかするとこの音だったのかもしれない。

そんとき食べてたんがな、なんとかいう草。あと、ブドウみたいな小さい、食べたら口真っ青なる、そういう果物。そのおじさんが知っとるねん。何食べられるとか。それで二晩はおったと思う。せやけど水も何も持ってない。寝るいうたかて木の下や。

――そんなん無理ですね

それで二晩経ったあとに、そのおじさんが「もう殺されてもいい、村へ帰ろう」て言うてん。わしらはそのおじさんに黙って従うまでや。ほんでまた、ゆっくりゆっくり、みんなで夜に山から下りてな。

――はよ行ったら見つかりますしね

せやろ。ほんで家に帰り着いたら、親ら生きてるんや。びっくりしたわ。こっちは村に残ったから殺されてると思うやろ。向こうはわしが死んだと思っとって。二、三日離れてるいうたかて、旅行と違うねんで。生き別れやと思ってるやろ。

——よかった

せやからお母さんえらい泣いて、私も泣いたけど。（同前）

日本へ

小学校の放火の日付（一九四九年一月一九日）から、伯父さんたちが済州島を出た時期が、早くとも一九四九年一月以降だったことがわかる。「済民日報」四・三取材班は、この時期を「陸海空軍合同の討伐期」とし、武装隊の勢力が更に弱まった時期としている。[15]

この時期はまた、討伐隊による集団的虐殺事件が頻発した時期でもあった。四九年一月一七日、朝天面北村里（プクチョンリ）で「共匪（きょうひ）と内通した」という疑いで住民四〇〇名あまりが虐殺され、村の三〇〇以上の家屋が焼かれるという事件が起きている。

三月には済州道地区戦闘司令部が設置され、最後の鎮圧作戦に乗り出した。討伐隊は宣撫（せんぶ）工作と並行して、島民五万人を民保団員という名で武装隊の攻撃にあてさせた。四月九日には李承晩（イスンマン）が来島、五月には選挙不成立だった二選挙区で再選挙が実施される。

武装隊司令官・李徳九（イドック）が射殺されたのは翌六月七日。彼の死体は済州市にある観徳亭前の広場で晒（さら）された。また李徳九の家族・親族のうち、二歳の子どもとその母親を含む二二名は殺害され、生き残った親族は日本へ「密航」した。[16]

――あのー、日本に来るいうのは、やっぱり、その、当時わりと一般的いうたらおかしいけど、済州から大阪に行く

当時はもう、密航になって。

――ええ。密航ですけど、その密航で行かはる人は多いようやとか、そういうのは聞きはりました?

うん。なんぼでも多いけれど、簡単に、これはグレーになってきたんや。なん

でかいうたら、いま言うように、ササムサッコン［四・三事件］、済州島で起こってもうたから。

だから、こっちを流れてこうと思えば、ほんなら釜山のほう渡って、釜山から対馬のほうへやったら、まあ簡単に行けるわけ。大体三時間ぐらいで着くわけや。その町から、対馬の端着くいうたら、夜中三時間で大体来てまうねん。だから、それで行く、あっても、済州島からなかなか抜けられへん。わしら最初言うてたんは、ハラボジ［祖父］は船、持っとってん。ポンポン船。それの、わしは船主やから、お父さんが。だからそこへ入って、家族で来てまおと。女だけ置いといて。

――そのときにほかの人らいうんが、伯父さんの家族以外の人らもいっぱい積んで。

――そんなようけ

もうめっちゃ、ぎっしり。いっぱい。

——皆さん、その船の中一緒に乗せて

一緒。私は船主やから。で、そういうポンポン船でも、部屋があるわけ。それ部屋いうたら、ものの二畳か三畳ぐらい。それも船主らが、船の交代して出たり、まあ、いうて、船動くやんか。まあまあ、普通の、毎朝甲板の仕事やっている人は休んでたり、交代したり、部屋がある。その部屋にうちはおるから。そういういっぱい積むのは、荷物積むとこ。荷物の代わりの人間積んで。いっぱい積んで。

——それはなんていうか、その、その、日本に来るよ、来るよいう日になったら、もう人がこう。呼んできて

そうそう。それはもう、何日か前に行くいうことを、こう。人から人、あるやん。だからそのときに。

——口伝いに

いついつ出る時間なったらそっと、港へ来いと。んで、それまでに、みな、金をもろとく。日本まで行く賃。

——はいはい。そうですよね。危ないですよね。かなり

うん。まあ、そのときにはまだまだ、まだ日本が、まだ密航で入りやすいとき。まあ、言うたら治安がしっかりしてないねん。昭和二四年とかそこらやから。

——そのあと、あれですよね。あの、大野の伯父さんのところの伯母さん［貞姫伯母さんのこと］が来はるときは、けっこう

うるさい。もうその頃はきっついよ。その。あのときは密航やったら、もう大変やから。いまから言う、そういうね、専門的な人がおって、ほんでもう、大阪やったら大阪のどこかに隠しておいて。来たから、金、先持ってこいと。ヤミみ

たいな人に連絡させて。

――あ、それ、専門の業者の人みたいな

そうそう、頼んで。

――大阪にも普通にいはりました？　大阪になんぼでもおる。いっぱいもうなんぼでもおる。

――なんぼでもおります？

うん。なんぼなんぼ払えいうて、金だけ払いもって［払いながら］、だまされたいうのもようけおるし。

――はいはい、詐欺みたいなのもおるし

ちょっと、うん。その代わりみんなやれへんねん。みんなやってもうたら、そういうことあるから、三分の一やったり、例えば五〇万やったら一〇万先やったり、で、来てからあとで払うとか。そういう、セールスして、ほんで連れてくんねん。

——ほな、あの、おばさんらは、そないして来はったんですね

そう。

——あのー、そういう人らのいてる、そこに行って。頼みに行って

そうそう。行って。いま言うてる、あのー、誰が一番早い。あのー、一番、クンソン〔長兄〕の息子がおるやろ。

——ああ、チョンアニ〔朴鐘煥（パクジョンファン）。クンソンこと朴済奎（チェギュ）の長子。クンソンの伯父

さんは妻と幼い息子を残して自分だけ日本に「密航」した」のおじさん

うん。あの子が一番早くこっち来たんやな。その次に、いま言う二番目の、あのー、姉さん、大野のおばさん。それからトシちゃん［朴俊子（としこ）伯母さん。四女］。それからエッちゃん［朴英姫（ヨンヒ）伯母さん。三女］。んで、あとから女みんな呼んでるわけ。一番上の女［朴蘭姫（ランヒ）伯母さん］はね、女はみんなで、四人か。四人、上の、向こうで嫁に行ってしもうたから。あとは三人は嫁に出してへんから。そやから、一人ひとり呼んだわけ。一人ひとりしか呼ばれへんねん。金がかかるから。

——あのー、その、向こうにいてはるときに、その、逃げなあかんいうようなのは、やっぱり、その、村が危なくなったとかだからですか？　日本に行かなあかんいうのは

いや、そうなると、わしらは、行かなあかんいうてるのは、まず何を考えたかいうたらね、あの当時、済州島に、いま言うてる、まず、うちのお父さんはまだ、

まだちょっと、まあ、年だいぶ上。一番上が呼ばれてきたわけ。

――クンソンだけが

うん。いろんな、軍に。下手したら山からも殺される場合がある。あとこっちの軍隊からも。ほんでとりあえずはよ行かしてしまおと、先行かしたわけ。一番目はもう、二番目のあの、セッソン［次兄］の、先行かせてまおと、そんなんなんともない。

今度は、ササムサッコン［四・三事件］起きたときに、むちゃむちゃ殴られて、いろいろあったわけや。一番、クンソンの。

――殴られたりしはった？

むちゃむちゃした。あの、引っ張っていって、警察に引っ張られて。

――はいはい。警察で殴られたっていう

そうそう。そのときに帰っていって、もう、とりあえず日本、出さなあかんやん。で、うまいこと行かせてもうたわけや。

で、行かしたあと、今度は、うちのおやじ。船乗りや、けど、もう戦争時代、こうなってきてるやん。もう、その、稼がれんわけ、金。そういうの、船使うとる人、誰もおらんわけや。わしら、もうそんな、小さい。で、今言うクンソン、セッソン、みんな、ああいう問題［どういう問題だったかよく分からない］詳しい。おやじはまた年も年やし、そんなんで、収入はもうなくなってきた。

――漁師さんとは違うんですね

それもやっとったけど、漁師じゃないねん。漁師の船じゃない。もっと大きいやつ。木製やけどもっと大きいやつ。荷物を運んだり。

――あ、そういう

そういうやつやったんや。小さいあの、あのー、まあ船でも、小さいやつは魚とり。そんな船ちゃうねん。荷物運ぶ。それを買ったわけ。何人かを、こう三人ぐらいで株式でね。で、そのときに、その仕事もちょっとおかしい、ほんで日本発つ、みんな金もろて。

——行ったと

うん。で、そういうことをやって、わしらはもう、船主の、一応のね、家族としてね。いまいう、済州島ではやっていかれへんいうことになったわけや。

——もう生活が危ないと

うん。　　（二〇〇八年五月二二日）

このとき、伯父さんたちの一家は瀬戸内海を航海した。その途中で船が「海においてある網あるやろ、あれ、あれに引っかかって網に穴あけて」しまったらしい。

船は止められたが、「うちのお父さんと、まあ、同じ会社の人が乗ってて、その人が機転利かして、「穴開けたん私です。私が弁償しますさかい」て言うて、責任ぜんぶかぶって向こうの船、行った」ため、大事には至らなかった。

伯父さんたちが上陸したのは甲子園球場近くの浜辺だった。伯父さんは母と弟二人と小舟に乗り換えて、最初に上陸した。そこから電車に乗って、猪飼野（いかいの）にいた母方の親族の家に行った。

電車に乗って座席に座ると、すぐ下の弟［東奎伯父さん］が「ここはあったかいね」と済州島の言葉で話した。彼の母は、息子に「話してはいけない」と注意した。

吹田事件

翌一九五一年四月、誠奎（ソンギュ）伯父さんは大阪市立西今里中学校（ソグンミチュンハッキョ）に入学した。この西今里中学校については、少し説明がいる。

戦後すぐにつくられた日本各地の民族学校は、一九四九年一〇月を境に、公的に認められなくなった。その後、民族学校は日本の公立小中学校となったり、私立の民族学校として存続したり、公立学校内の民族学級に改編されたり、個人宅で私塾の形態を取ったりと、かなり多様な変遷をたどった。

この中で、西今里中学校は公立学校となった数少ないケースだ。一九五〇年、東成(ひがしなり)朝鮮学園の跡地に設立され、一九六一年に私立の大阪朝鮮学園に編入されるまで、日本人・朝鮮人の教員による教育が行われた。

一九五五年から西今里中学に勤めた朝鮮人教員は、当時の様子を「校長も朝鮮人と日本人が一人ずつ、教師も半々という形」[17]「府内はもちろん兵庫、和歌山、奈良などからも生徒が通ってきていて、帰国事業直前の五九、六〇年ごろには一六〇〇人くらいいたと思う。運動場の真ん中にプレハブを建てて、戦場のような状態で授業をした」[18]と語っている。伯父さんはまさに、その中学の第一期生だったことになる。

伯父さんはそこで、中学校三年間を過ごす。そして二年生のとき、吹田(すいた)事件に参加する。それに参加したのはこういう経緯だった。

前言うた、そこの、西今里でしっかりしてる。しっかりって勉強じゃない。

——はいはいはい

活発な活動いうか。

——ああ、元気がいい？

うん。もう私は勉強大嫌いやったけど、運動とかいうのは、ずば抜けとったからね。まあ、いうたら、サッカーに選出したり、まあ、水泳もしたり。

——あ、そうなんだ

うん。もういろんなところへ、まずスポーツがめちゃめちゃ好きだった。例えば運動会は、例えば自治会の会長、生徒会の会長したり、いろいろしとったわけや。それが、普通は、頭の賢い子らもやってたけど、私はそんなでもない、まあ、いうたら、口が達者やし、活発やった。そういう。だから、私が生徒会長にもなったり、いろいろそういうことをしてったわけ。議長なったりね。そのときに。

——行かへんか？　言うから

みんな行こうって。もう、行かへんか？　じゃない、行こう！　や。

──あ、もう先生が集めて？

うん。そのときにね。それも名前が。あのときにね、なんちゅう名前やったかな。一つのね。

──グループの名前がなんか

私は、うん、なんかのね。わしは、ＰＧ［組織名か？］やったな、なんかのね、会。それをね、そういう、まあ、いうたら団体みたいなね。わしらの生徒の中の、賢い、そういう活発な子を学校が集めた、なんやらの。それ名前あってん。

──あ、そうなんですか。へえ

そのメンバーが、皆さん行こういうことで、そうしたわけや。

――そういう、連絡会みたいな、自治会みたいな、そういう団体があって

そういう、いつもの、うん。集まってね。で、今度、そういう、その先生のことを聞く。いまの、朝鮮戦争のあれが、ちょうど始まってるときや。吹田事件いうのはね。東京へ武器送ってるときや。始まっとるときや。あのー、いま言う、朝鮮動乱［朝鮮戦争］でしょ。

――はいはい

昭和二六年度［実際は昭和二五年］に朝鮮動乱始まって、吹田事件いうたら、昭和にじゅう……。

――七年か八年

六、七年、そんなもんや。一年そこらのときや。そのときにね、きちっとした、

そのときはもう記憶ないけれど、そういうところの、わしの鮮明の記憶は、そういうようにして集まって、行こう言うて。

——それは、なんかときどきみんなで集まって、話し合いとかするような感じだったんですか？

話し合いするなら、その会で。その名前が、頭文字のなんかやったんや。それ。

——それ、ときどき集まったんですか？

そうそう。このメンバーだけや。んで、その韓(ハン)先生中心にして。

——ええ、勉強会とか話し合いだったりとか

うん。その勉強会いうのは、もう結局、あのー、まあ、いうたら、資本主義社会の悪いことやった。

――あー、はいはい。なるほど

ねえ。もう、そういう、金持ちはいつまでも金持ち。その奴隷的な、そういう、まあ、勉強をやってる、教えてもろてるわけ。その韓先生に。

――あー、なるほど

で、そういうあれで、わしらも、子どもやし、そんなんぱーっと覚えてるし、日本でも、もうこんな砂漠みたいなもんやった。その当初ね。［いまの日本は］もう、金持ちやんか。［その当時は］貧乏だらけ。家も、もうドアもないような、まともにごはんも食べられへん、そんな時代や。吹田事件とかきはね。だから、そういう先生は、教育すんのも、わしらも、そういう時代やから。

（二〇〇七年一〇月七日）

伯父さん曰く、伯父さんのような元気のいい生徒たちは、何かの団体に組織されていた。そこで生徒たちを指導していた韓先生は、もしかするとどこかの民族団体に属していたのかもしれない。それはいまとなってはわからない。

伯父さんはほかの生徒たちと一緒に、一九五二年六月、中学校から関西大学吹田キャンパスに向かい、そこで集会に参加し、吹田駅までデモ行進して、吹田駅から電車に乗って帰宅した。

この伯父さんの体験談が、通常言われているところの「吹田事件」と異なっていることと、考えうるその理由、そしてその違いからわかることについては、すでにほかの論文で書いたので[19]、繰り返すのは避ける。後日譚としてこんなこともあったということを、書き添えておきたい。


それで、それからね、あのー、西今里中学校おったらね、「警察が」その韓先生が「吹田事件の関係者だと」、そういう、わしらの名前を突きとめてきたわけ。この先生をつかむために、警察はずっと尾行してはるの。やってるの。それを守るのに、わしらがまた、生徒十何人は変装して、眼鏡かけたりするけど。

——先生のふりを、とか、しはったんですか？

うん。もうわしらは、あの、その先生をね、わからんように、まあ、その先生変装させて、で、また、わしらはわしらで韓先生みたいな恰好したりして、誘導して、学校までやって。帰りまたそういう形。

で、向こうは、警察はなんとかしてつかもうと思ってね、場所は東成警察や。中学の管轄は、東成やねん。東成の刑事らがずっと、こう、来とったんや。そやけど、私は守るだけ守って、警察は結局、指一本出せなんだ、その当初。（同前）

一番つらかったこと

私の父親が生まれたのは、この「吹田事件」から三カ月ほどあとのことだ。

――うちの父が生まれたときは、伯父さんはおいくつぐらいでしたっけ?

うん。もうそのときは、かなりもう、中学なってる。私はもう中学なってる。あんたのお父さん、お父さん産んでるときは。

かなり昔に、そういうね、まあ、あんたが言うような、あんまり、私から言わしたら、まあまあ、これは変な話やけど、私のそのときの素直な気持ちを言うてあげたら、なんで、お母さん、こんな貧乏で、なんで子どもなんか、なんで産むんやと。私はその年でそう思った。いまでは何も思ってへんで。それ、その当初は。お母さん、それ憎んだん、私。心が。

――はい。なんでまた

子どももいうたら、女も男もいっぱいや。まあ、わしから言わしたら、なんでまた産むねん。それも、いま言うたやん。子ども一人二人ぐらい死んでもええと。もう、ますます嫌で。そういう意味でやで。食べさすのも、やっぱり大変やんか。（同前）

印象的だったのは、大阪に戻ってきてからの家庭内の不和が「つらかったこと」として語られたことだった。四・三事件や成人して以後の労働ではなかったのだ。

――じゃあ一番つらかったとか、嫌やったいうのは、やっぱり帰ってきて、お父さんとお母さんと喧嘩。

――そのとき

うん。その、そういう頭なかったから。そのときも死ぬって意味が、あんまりぴんとこない。そういう、いま言う、あの、中学校まだ三年とかそのときでも、死ぬっていうのはびっくりするよ。でも帰ってきて、お父さん、お母さん、取っ組み合いして、毛引っ張って、もう、それ、兄貴らがしょっちゅう。

――伯父さんらが

ほんでまた、今度は、クンソン［長兄］とセッソン［次兄］、また、親父とまたやり合い。大喧嘩して。もうそんなんが、もう醜くて。わし一番つらかった。それはもう、もう必死や。だから帰ってきたくもない。帰ってきたら、お母さん仕事で、もう、金借りてこい［って言われる］。

で、また仕事がない、ほんでお父さん博打するやん。じゃあ、セッソンもまた、同じようなことして、それで金のことで、まあ、それ使い込んだら、これ、もう殴り合い、もうぐちゃぐちゃや。もうあんなところ、一番嫌なところ、それ。家族の喧嘩して、それも口やったらええ。本物のやり合い言うたら、もう何十回やったかわからん。お母さん、親父、またうちの兄貴と親父。もう喧嘩、喧嘩。もうほんま、今でもぞっとするわ。それが一番嫌、私。だからな、だから、お父さんがしっかりして、何せんことには、うちの親父はしっかりしてないねん。博打ばっかしよんねん。結局悲惨なことばっかし。考えてみて。まあ、それから考えたらね、私としたら、それ教訓にしとるから、もう絶対喧嘩するような家庭やったら、もう、やめとこう、結婚してもあんなことやったらやめとこう。まあ、私は、当時の家庭はな、悲惨なこと見てきとるから。もう二度とそういう家庭はやめとこうと。それを、まあなんとか維持してる、いま。（同前）

誠奎伯父さんは東京都立朝鮮人学校に進学したが、一年で中退した。

——中退しはったんは、経済的な問題ですか。

月謝払われへん。寮、入ったら朝昼晩、飯出んねん。それも出されへん。

——はい

月に二〇〇〇円ぐらいやったかな。せやけどたまには風呂も行きたいし、甘いもんも食べたいやろ。そしたらうちに手紙書いて、「金送ってくれ」いうねん。そしたら、八円かそこら送ってくれた。けど書留で届いたら学校に着くやん。

——あー、なるほどなるほど

職員室呼び出されて、中あけられて、するやん。んな月謝やらいろいろ抜かれて、ほんで残った分返してもらえんねん。それではあかんから、手紙と一緒にはさんで、手紙いうたかてお母さん字書かれへんから、まあ何か横線ひっぱってあるようなやつやけど。

――はい。こう、ビーッと

それと一緒に七円か八円かはさんで送ってくれて、それであんぱん買おたり風呂行ったり。せやけども、そんなんでも月に一回もできひん。勉強もわからへん。友達もいーひん。せやからもう、いつも下向いて歩いとった。

ほんで二年なるときに、こらもうあかん思て。先生らも月謝払(はろ)てもらえへんかったら困るやんか。せやしもうええわちゅう感じで。それで大阪帰っててん。

（二〇〇八年五月二二日）

東京都立朝鮮人学校は、一九五五年には私立高校に移管されている。だから伯父さんが在学していた一九五四年というのは、都立高校だった最後の時期にあたる。

前提としての差別

伯父さんは大阪に戻ってすぐに働きはじめた。ナットをつくる工場の雑役(ざつえき)という仕事だった。

——お仕事はどないして見つけはったんですか？

仕事見つけたんはね、私の同級生で、私よりもっと早よから働いてた人がおったわけや。んだら、彼の紹介で、彼が働いてたそこに知り合いの人がおって、挨拶、一回面接行ってみと、ということで行ったら、もうその当時は、おじさんは誰が見ても、いまでもまあそこそこ、見かけ倒しやないけど健康そのものやし、その当時も、もう体も大きいし、雑役もってこいの、相手にはものすごく好かれたわけや。

（二〇〇七年一〇月七日）

ここで私は、就職差別はなかったかと質問した。伯父さんはきょとんとした顔ですぐにこう答えた。

そら特殊な技能の、例えば技術持ってるとか、商社や銀行員とか、そこらは難しいよ。頭いる職業には、まあ行きもせんし、相手も面接しても使こてくれへんし。

——ああ。あー

その当時の雑役言うたら、誰もそんなする人いないねん。人手不足や。もういつもどっかの会社いったら募集募集の、いっぱいやった。その第一の原因は、いま考えたら、朝鮮動乱やらいろんなことで鉄鋼関係がものすご忙しかった。

——はい

あとで考えたらわかってんで。その当時は全然知らん。（同前）

思い返せば、馬鹿な質問をしたものだ。高校中退の朝鮮人なら、日本の企業で就職などできるはずがないということは、伯父さんにとっては常識だった。伯父さんは差別を感じたわけではなかった。ただ、「特殊な技能」や「頭いる職業」に自分が就くということは、想像にさえ上らなかったのだ。自分の意思で、最初からそんなところには行かなかった。仮に自分がそのような職業を志したとしても、相手側が「面接しても使こてくれへん」ことは当然だったのだ。

インタビュー調査で、聞き手にとっては差別だと感じられる事例について、語り手が「差別はない」と発言するとき、その発言をどう理解すればいいのか、判断に困る調査者がいるかもしれない。しかし、このとき私はまったく迷わなかった。

差別は「差別」として感じられる以前に、生活するうえで前提となっていた。それは日常の中の違和感や異物などではなく、日常を送る基盤そのものの要素だった。

伯父さんが何の苦労もなくナット工として就職できたのは、その仕事が「誰もそんなする人いない」からだったにほかならない。そして、それこそが就職差別であるにもかかわらず、それは差別としては認識されない。

私が「馬鹿な質問をしたものだ」と書いたのは、自分と伯父さんとの間で、「差別」が異なるものであるという当たり前のことを、私がすっかり忘れていたからだ。いまの私は、自分が「頭いる職業」に就けることになんの疑問も抱いていない。企業が私を「面接しても使こてくれへん」ことになれば激怒するだろう。それは私にとって、自分と日本人とが経済的にも学歴的にも同じであることが当たり前だからだ。

伯父さんにとって、そんな事態は想像もできなかった。私はそんな簡単なことを忘れて、伯父さんは私と同じスタートラインから仕事を始めたと思い込んでいた。そう、伯父さんと同時代の、東大阪にいる日本人労働者とではなく、二〇〇七年に大学四回生だった私と。

雑役の仕事

朝鮮戦争によって、日本の工業は著しく復興した。一九五〇年一〇月には戦前（一九三二〜三六年平均）水準に達し、翌年三月には戦前水準の二割高にまで飛躍的に上昇する。繊維、化学、機械、金属、製材といった業種で生産は拡大したが、特に生産が活発になったのは、鉄鋼と機械の生産だった。[20]当然、生産の増加は雇用の増加につながる。朝鮮戦争後、機械・金属工業から雇用の拡大が見られ、五一年に入ると全産業で増大した。五三年には鉄工業生産の伸びは一六パーセントに達し、その年の世界一を誇った。

雑役の仕事いうんは、鉄板積んで、それ持って行って、また降ろして、ゲージでミリ数計って、ものすごエライ［大変］ねん。こっちの品物あっちへ持っていったり、品物でけたらそれを綺麗に油で洗って詰めたり、五〇キロの袋に紐入れて、ちゃんと縫うて、それ積んでいく。

――五〇キロ！

で今度、荷物出すときはみな肩で担いで。でそれを車んとこまで走って行ったり来たり。二袋で一〇〇キロなるわけや。私はいつも三つ、一五〇キロ担いどった。

――うええ、めっちゃ重い……

やから、そういう所ではものすご好かれたわけや。まあ言うたら、よう働くいうて。ついたち、月に一日だけ休みがあってん。あとはもうずっと働いて、五時以降は残業。で、私はいつも一時間ないし二時間は残業して帰った。（同前）

給料は一日二〇〇円程度だったらしい。一九五〇年代半ばの物価は、コーヒー一杯が二〇円、ビール瓶一本が一二〇円くらいだ。

四、五年の間に職人なったわけや。で、それから家の近くで北巽(きたたつみ)に、E金属。そこで今度は職人として働いた。そこは朝鮮の人の工場。やから私らでも朝鮮人、向こうもそういう意味では使いやすいし。職人として働いた時の日当が、忘れもせん、あのときは一日三八〇円もろとった。三八〇円もらいもって残業しもって、大体月に一万五〇〇〇から六〇〇〇円。（同前）

雑役時代には、実家に食事代を納めるだけで精一杯だったのが、ある程度まとまった金額が入るようになり、貯金もできるようになった。といっても、誠奎伯父さんは、母親に勧められて頼母子講(たのもしこう)に入った。銀行からの融資を受けにくい在日朝鮮人社会にあって、講は銀行の代替として機能していた。

頼母子いうのがあんねん。オモニ［母親］が入ってくれ言うて。一万五〇〇〇から六〇〇〇円もらうやん。ほな一万円、頼母子。食事代が三〇〇〇円か四〇〇〇円払わなあかん。自分の小遣い一〇〇〇円あるかないかや。（二〇〇八年五月二二日）

その小遣いは「まあ、中国の民謡やソ連の、そういう歌うたう、うたごえ喫茶」に通って使った。

当時の伯父さんの写真を一度だけ見せてもらったことがある。俊子伯母さんの結婚式の写真だ。伯父さんたちが勢ぞろいした様子は、言葉でうまく言い表せないくらい威圧感があった。それでも当人はいたって真面目で、酒よりも餡子(あんこ)のほうが好きだった。あくまでも自己申告だけれども、確かに伯父さんはあんぱんやあんみつが好きだった。

金貸しの用心棒

伯父さんは、一九六〇年、自分でナット工場を始め、二五歳のときに結婚した。そこで弟二人を雇い、母親を共同経営者にした。自分たちは工場の上に住んだ。一九六九年、伯父さんの母親は一人で済州島(チェジュド)に戻ることを決める。伯父さんは兄弟のうちで一人だけ、まだ高校に入ったところだった私の父親を引き取った。

せやけど技術あっても一番大変なんは、金。とりあえずしんどいて納めたらすぐ「現金ください。安くてもええから」。やから、もっと利益上がらん。やっぱりある程度利益上げよと思たら、ひと月寝かして、ひと月後で集金してシメて、いうシステムがあるやん。

——はあ

私、いつもそのシステムに違反しとったわけ。金がないから。先してください、したらやっぱり買い叩かれるわけや。「お前安しとけ」「ハイ」、言いなりや。

（二〇〇八年七月二二日）

そこでクンソンこと長兄に誘われて、賭博に手を出してしまったこともある。

ああ、あないしてコツコツ、こないして稼いでなんぼしたって、二、三万もうけよ思たら大変やと。これ、極端な話が五万円張って、あたったら五万円もらえる。楽なもんや。で、材料買う金を、そこ行って倍にして帰って来よ思てん。

——はい、ほんで？

行って、きれいに取られてん。

——あーあー

家にも帰られへん。（同前）

そういう苦しい経営状態（と賭博）の上に、オイルショックが重なった。一九七三年、三五歳のとき、伯父さんは工場をたたんで、妻の親戚を頼って東京に単身、移住する。

パチンコ店や喫茶店を経営して、いずれもあまりうまくいかず、二年後には大阪に戻ってきた。そのあと数カ月、雀荘を経営していた頃、ナット職人として働いていたときの友人が、金融業で働かないかと声をかけてきた。

ええ話やん。理由なしでそんな話するはずがない。この人ら、勘違いしたわけや。

——勘違い？

見た感じ、まあ金融屋やってるやん、用心棒代わりに俺を使おうとした。

——んふふ

（二〇〇七年一〇月七日）

そして伯父さんは金貸しの用心棒をするのだけれども、これも割とすぐに（どれくらい勤めていたのかはわからなかったが）やめてしまう。その経緯は次のようなものだ。あるとき、伯父さんは宝塚にいた日本人の農家に行く。そこの家の息子が、伯父さんの雇い主から金を借りたままいなくなったので、親から取り立てるためだった。

そのときに、泣きもって［泣きながら］、「この家だけは先祖代々、土地は取られてもいいから、残してください」て。

――あー

ほな親戚は「お前らが借りたんが悪いんじゃ」と、責めるやん。ほなおばちゃんとおっちゃんと並んで、「息子が自衛隊です」と、「帰ってきて住むとこがなかったら大変や」と。

――ちょっとかわいそうですね

あのときに、俺が「コラ何ぬかしとんじゃ」と、「払うもん払わんかい」と、こう出るのを待ってたんや。

――あ、その、人らが

そのために、俺を。向こうはそういうところで、脅して、「家でもなんでも売って当たり前じゃ」と。わし、その姿見て、この二人、こんな悪いやつおらん。それ思った。わし、何の一言も言えなんだ。わし、そんな悪いことできひん。

――ほんで、何も言わはらへんかったんですね

そしたらその二、三日後、「金返してくれ」て。もう、何も役立たんいうこと。それで意味わかった。（同前）

そのあと、伯父さんはまた別の友人とともに、産業廃棄物処理の工場を始める。その工場はほどなく軌道に乗り、伯父さんはまた弟たちと甥たちをその工場で雇った。私の母が初めて伯父さんたちに会ったのはこの時期だ。

典型を生きる

伯父さんは、ある意味で典型を生きた。済州島（チェジュド）と大阪との間を往来し、四・三事件を体験し、西今里中学に通い、吹田事件に参加し、都立朝鮮人学校に通い、金属工場・パチンコ店・喫茶店・雀荘・金融業・産業廃棄物処理工場と、在日コリアンにとって馴染み深い職を転々とした。

彼は同時に、大阪に戻ってきてからは、家長として成長していったし、少なくとも

私にはそのように自分の人生を提示した。弟や甥たちを自分の経営する工場で雇用し、末弟の後見人として彼を大学に送り出した。

三男だったが長男に代わって祭祀（チェサ）を引き受けた。これはどうやら、伯父さんの母が大阪を去るとき、シンバン（済州島系のシャーマン）から「長男に祭祀を任せれば祭祀が絶えるから、三男に任せなさい」と言われたかららしい。

家事と育児は完全に妻に任せ、孫を溺愛し、済州島の親族との交流を欠かさず、何事もやや（かなり？）大げさに話す。

――なんか、伯父さんの、じゃあいままでの、なんて言うかな、人生で一番楽しかったことというたらどんな、楽しかったこと、よかったこと

よかったことというたら、いま言うとる、韓国では、そういう、まあちょっとの間、小学生やし、まあ、日本から来て、韓国語もしゃべられない。ところが、運動靴履ける。金持ちやから。だから、ちょっといじめられた、小学校のときは。そのいじめられた結果が、いまは、私と、もうものすごい親しくなる。

そういうとこ、みんな、もう、昔話になって。韓国でも行ったたって、ものすご

い、わしはね。まあやっぱりそれは、いまの韓国に友達は、ずっとおるから、そんな意味もあるわけ。彼らよう言うとる、朴誠奎(パクソンギュ)は成功しとると。自分らよりは生活、まあ、いっても、やっぱり金ばんばん使える。そこやと、やっぱりわかるわけ。ね。行ったって、わしはみんなおごってやる。ま、そういうの見たらわかるわけや。ね。

だから、それはそれとして。いま言うように、いま考えて、一番楽しかった、私の楽しい人生いうたら、ここで、いま言うてる、放課後もう暴れたり、運動して。それが、家は貧乏、食べ物すらない。一番、学生時代いうか、小学校のときは向こうでそういう状態で、まあちょっといじめられてたけど、ここへ来て中学校入って、で、もう言うように、活発になって、日本語もばりばりになって、そういうね、ご飯でも、もうみんなとね、おかずの取り合いして食べたり、パンでも誰が食べるんやってパンの取り合いしたり、誰かがパン買うたらぺーって唾つけてここ俺のもんやて言うたり、ね。そういうところが一番で。

放課後、まあ、いうたら、サッカーの練習したり、そういうね。そのキャプテンが私やから。そういうとき、一番楽しかった。学校行くのは、勉強が好きなんとちゃう。土曜日なんかだったら午前中。で、昼から帰っていきゃいい。

でも、帰ってこんのがいっちゃんええ［一番いい］。だから、そこでドロドロなって、最後ぜーんぶ、水道とこで洗って、それからその友達とこ行くわけや。緑橋の近くやねん。西今里［中学］の近くやねん。歩いて、そこ行ってね。で、そうすっと、ほかの人と遊んでたり、もうご飯食べさしてもらうのが、もう楽しみ。あっこの親も、ものすごいかわいがってくれる。自分の息子いじめられてるの、助けてもろとるんやから。

だから、その当初の、いま考えたら一番楽しい。それから、こんなこと言うのなんやけど、まあ、結婚し、働け働けね、いろいろして。まあ、こない言うたらなんやけど、兄弟では、まあ、自分の努力もあるけれど、親から自分の財産もろたんじゃないし、まあ、それで、私は、まあ、私で、自分なりで努力して、まあ、この家も自分で買って、土地も買い、で、あっこもね、小さいビルでも、やっぱり七階建てのビルも買い。こうしていま現在、一番私は、まあ、そういう生活のゆとり、時間のゆとり、一番ましだったと。自分では。

――そうですね

うん。私のいまの人生で一番。みーんな、子ども四人、皆それぞれに、なーんにも。それは、金持ちとは言ってへんで。自分自分、もうぜんぶきちっとする。だから、いまが一番、あとその、学生時代。

——じゃあやっぱりこれからやってみたいことというたら、いまの生活をずっと維持して

それだけや。もういまさらね、欲出して、もっと金欲しいいうたかて、年なんぼや。七〇やで。わし昭和一三年の生まれ。ね。いま七〇。ぞっとする、自分の年、自分で。ぞっとする。自分いま七〇思てない。精神年齢そんなでもない、いまでももう。

——いや、もうだいぶ若く見えます

いや、だからいまでもね、そりゃもう、クラブやなんやね、そんな行かへんで。もう楽しく行って、歌うたり何して。もう自分の、この、前も言った、あの商売

でもあれうまくいかへん。あいつは、あんなことして俺をだましよった。まあ、いろいろあるやん。皆、もうそういう。ね。

で、野球賭博なんかしても、負けたり勝ったり。こういうこと、一切やめて。で、いま言うように、そこそこ、ね、大きい金、ね、人間欲言えばキリないやん。もっと欲しいいうから失敗する。そういうちょっとしたことをして、ね。

もう、そりゃそうしたら、私から言わしたら、日本、伯父ちゃん世界一いい国と思ってる。俳優でも女優でも、そういう金ばんばんある。ほかの商売やって失敗しておかしくなる。ね。そう、俳優、俳優だけのことやない、もうぜいたくで。

そらもちろん、欲ない言うたら、うそやん。私も欲あるから、いろんなことした。だけどいま、そういう賭けごと、麻雀でも、知り合い同士、やめたんがもう一〇年前。やっぱりそれやめて、いま言うように、それ欲ない言うたらうそやで。そう思うけど、したら気い腐る。

で、そういうことみんな諦めてね、自分の収入で、月に例えば、ね、そこで使う二〇、三〇万ぐらい使うぐらいの収入がある。あって、もう好き放題にできたらええわと。これ、まあ、そういうふうに維持したいだけ。なんで、嫁さんにも生活、ぴしっと決まった金をやったら、なんにも。

うちのおばちゃん、なんにもね。いまの仕事でもなんでも、仮にうまくいったら、ゆくゆくうちの息子にみんなやってまお思てんねん。あの、一番下の息子にね。金は一切触らしてない。金は私はもう、いまのところは、もう早くぜんぶやったろと思ってる。だから、いま言うてるのは、学生時代じゃないけど、いまが一番、一番楽。だから、わしはね、こんなこと言うたないけど、きょうだいがな、ようなってほしいな。これだけ。（同前）

伯父さんは二〇一一年の四月に亡くなった。私が結婚式を挙げたすぐあとだった。結婚式の前に、伯父さんに会いに行った。だいぶ痩せてしまっていたけれども、家で伯母さんと一緒にいて、私は結婚する相手を伯父さんに会わせることができた。伯父さんが死んでしまって、伯父さんがおそらく予想していた通り、私たちの親族にはもう中心がいない。

二回目のインタビューのとき、ファミリーレストランで、伯父さんは「なんでも好きなものを頼め」と言ってくれた。私は妙に遠慮して、ドリンクバーの紅茶しか飲まなかった。いまになってとても後悔している。あんみつやパフェでも頼めばよかった。

私はばかだ。

そういえばそのとき、伯父さんはファミレスの中でもサングラスをかけていた。なぜ伯父さんはいつもサングラスをかけていたのか。伯父さんが目の中に入れても痛くないくらいに可愛がっていたお孫さんによれば、「かっこつけたいから」だったそうだ。

そういえば、誠奎伯父さんは眼光鋭く迫力があったが、目はちょっとつぶらな感じだった気がする。いや、そんな気がするだけかもしれない。

第五章

わかれへんこと

——朴俊子伯母さん

俊子伯母さんの話を聞くつもりはあまりなかった。誠奎伯父さんに「俊子伯母さんからも昔の話を聞いてみようと思うんですが」と言ったところ「何の話を聞くんや」「あいつ何も覚えてないと思うで」というような反応だった。父に俊子伯母さんの連絡先を聞いたときも「俊ちゃん姉ちゃん、そんな昔の話なんてできるかいな」というようなことを言っていた。

俊子伯母さんは伯母さんたちの中では一番年下で、一〇人きょうだいの中で八番目にあたる。伯母さんの下に元奎伯父さんと私の父がいる。みんなどこか俊子伯母さんを軽んじているようなところがある。兄弟姉妹の中で年下、かつ女性だからだろうか。

祭祀のときに俊子伯母さんに「伯母さんもあとになって韓国からこっちに来はったんですよね？」と尋ねたら「そうや」と言った。それなら話を聞きに行こうと思った。

年取って産んだから、トシコ

JR桃谷の駅前の商店街まで伯母さんに迎えに来てもらったら、伯母さんはショッキングピンクのタートルネックの長そでTシャツに、ヒョウ柄のスパッツを穿いていた。

伯母さんの家にあがって、どういうわけかよく冷えた牛乳をもらった。実は牛乳はあまり好きではないのだけれども、ありがたくいただくことにした。

——どこで、伯母さん生まれはったとか覚えてはりますか？

布施（ふせ）の永和（えいわ）や言うとったわ。

——ほう

うん。布施の永和で生まれて。ほんで、なんか、お母ちゃんから聞いたらな。あのときは、戦争終わったいうか、戦争終わったら、男の子産んだらな、配給がようけもらえんねんて。

——そうなんですか

うん。ほんで、女の子やから、うちのお母さんが四二［実際は三四歳］に産んだからな、もう義和（よしかず）［私の父］と元奎［父のすぐ上の伯父、俊子伯母さんの弟］は、生まれ、生まれてないな。

――そうですね

年取って産んだから、名前にトシコてつけた言うて。自分でな、そう言うとったよ。

（インタビュー、二〇〇八年三月二五日）

戸籍を調べると、伯母さんが生まれたのは一九四四年二月だ。確かに戸籍が提出された場所は大阪府布施市。一九三九年の時点で、家族は全羅南道済州島朝天面（チョルラナムドチェジュドチョチョンミョン）新村里（シンチョンリ）から神戸市葺合（ふきあい）区（当時）に移住していたはずだから、その後の五年間のどこかで、大阪に移住したことがわかる。

伯母さんは、家族が大阪から和歌山に移住したことも、そのあと済州に戻ったことも覚えていない。

伯母さんが覚えているいちばん古い記憶は、済州島朝天面新村里の生活に関するものだ。そのとき、すでに伯母さんの両親、つまり私の祖父母は、男児だけを連れて大阪へ「密航」してしまっていた。俊子伯母さんは、すでに新村里の男性と結婚していた一番上の蘭姫（ランヒ）伯母さんに引き取られていた。

予想外の話

「友達と、どういう遊びとかされてました？」と私が問うと、伯母さんはこう答えた。

あのー、石ころ集めてな、いっぱい集めるやんか、石ころ。ちっちゃい石ころいっぱい拾ってきて、ぱっと開けて、ケンケンしたり、なんか書いたりな。そんな遊び。

——なんか、同い年の子とか、ようけいはったんですか？

よっけおるよ。

——あ、そうなんですか

うん。ほんで、そのとき一緒に、あの、して。チェスニいうて、いまでも名前覚えてるけどな。おっきなったときでも行ったやんか。

――あ、そうなんですね

で、その子、その子はな、学校行ったやんか。ほんで、日本に行きたいて言うてた。でもその子、結婚して別れて。きれいな顔、その子はな。ほんで、失敗して頭おかしなってな。で、病気なったときに、私、おっきなったときに、何回か済州島行ったことある。

――そうなんですか

うん。会うてんけどな。ほんで、女の子できて、また別れてな。日本行きたい言うとったよ。うちにな。呼んで言ってたけどな。ほな、呼んでやりたいけど、家来て、旦那さんに言うたんよ。友達呼んであげたい言うた。そんなことする暇あるかとかって怒るやんか。でけへんやん。したいけども。自分では呼んでやりたいなと思ったときあったけどな。で、いまは、どこ行ったかわからん。

——そうですか

もう六〇やんな。その頃は、三〇ぐらいのときやったからな。

——うんうん。まだお若いですよね

うん。そんな友達もおった。ちっさいとき一緒にいよったな。仲良しの。（同前）

いきなり胸が苦しくなるような話を聞いてしまって、私はなんとか別の話をしたかった。歴史の話を聞こうと思って、話題を変えてみた。すると、また予想外の話が返ってきた。

——なんか、伯母さんの小さい頃って、済州ってけっこういろいろ大変やったたいう話聞きますけど、そういうのは感じはったことありますか?

食べ物なくってな。戦争終わったから。食べ物がないからな、大変やねん。お腹空いたり、ほんで、あのー、なんか、芋の干した黒い粉、済州でポンボギいうねんな。あれをして食べたりな。お腹空いたりしたことはよう覚えてる。(同前)

四・三事件のあとで

伯母さんの話には、戦争も四・三事件も出てこない。しかし、四・三事件から生き残った済州島の人々を待っていたのは、貧困と飢餓だったということはわかっている。

一九五〇年六月、朝鮮戦争が勃発すると、済州島には朝鮮半島南部から一〇万人を超える避難民が押し寄せた。五二年には干ばつと台風によって秋の収穫が半減し、救護食料の配分を巡って半島からの避難民と島民との間で軋轢(あつれき)が生じた。翌年には救護食料の支給対象者が四万二〇〇〇人に達し、島内に物乞いや泥棒が蔓延する。[1]

新村里(シンチョンリ)の状況もまた悲惨なものだった。『新村郷土史』によれば七〇年代初めまでの村の状況は「住居環境や村落情勢は四・三事件によって引き裂かれ、強い影響を受けて無秩序であり、草葺きの屋根が放置されていた」「下水道設備がなく、雨が降れば流出し、しばしば補修をしなければならなかった」「農道は狭苦しく、牛馬車が通ることも難しく、収穫期になれば非生産的な方法で農作物と営農資材を運搬しなければならないなど、隘路が一、二あるに過ぎなかった」。

さらに「七〇年代以前まで、平均的な所得水準は二〇万ウォン未満に過ぎず、村の住民たちは……やる気もなく貧困な生活から抜け出すこともできなかった」こと、また村人たちに対して「明日を希求する精神を見つけることができず、各種の虚礼虚式と浪費に没頭している」とも書かれている。[2]

――あー。じゃあ、伯母さんはずっと新村の

新村の上のお姉さんとこな。

――上のお姉さん［蘭姫伯母さん］のところに

うん。そこで、何歳かな。一〇歳か九歳か、学校行ったやん。一年生にな。それ、覚えてんね。済州島で。

——向こうで小学校行かはったんですか？

そう。小学校行った。で、行ったら、その下、こんな机じゃなくて、あのー、なんか、下にべたーっと。下のところになんかひいてな、ゴザじゃないけど、なんかひいて。

——いちおう、なんていうか、建物はあって

うん、あんねん。

——教室はあるけど

そうそうそう。

——机がなくて

机ないねん。ほんで、行ったらすぐ名前呼んでな。月謝持ってきましたか？って言うねん。月謝ない言うたらな、取りに行きなさい言うてな、出席の次、月謝言うねんな。ほんで、ないから取りに行きなさい言うて、かばん、ノートと鉛筆と、置いといて。一年生やで。

で、家に取りに帰らすねん。学校からな。明日持ってきなさい言うんやったらいいけど、いま取りに行きなさいって行かすんや。ほんで行ったら、家行ったら、姉さんがな、もう行かんでいい、学校行かんでええ、子守りしい、言うてな。あの一、姉さんの子どもがおって。いまチャンスいう子［私の従兄にあたる男性、蘭姫伯母さんの長子］がな、赤ちゃんやってん。

——はいはいはいはいはい。向こうで、いまやってはる

向こうでな。そう、その子が赤ちゃんやってな。その子みい［面倒を見ろ］言うて、もう学校行かんでええ言うねん。ほで、ノートと鉛筆も学校置いたままやから、いつも友達が持って帰ってくんねん。帰りに。学校帰りな。ほんで、もう

月謝、また次の日も学校行っても、また同じことやろ。だから、もう学校行かんでいい言うてな。一年生は行ったけどな。

――ええ。あ、ほな、一年の、一年間行かはったんですか？

一年生は、入ったのは覚えてんで。

――はいはいはい。入学式とかあって

入学式とかは覚えてへんけど、まあ、行ったいうことは覚えてるわな。（同前）

伯母さんが入学したのは、誠奎（ソンギュ）伯父さんと同じ、新村（シンチョン）国民学校（当時）だった。同小学校の校史によれば、一九五〇年八月一日に学校名を新村公立国民学校から新村国民学校へと変更している。

小学校が「放火によって校舎及び備品一切が焼尽」されたのが四九年一月一九日。小学校の再建が始まったのはそれから二年以上が経った一九五二年一一月一六日のことである。

校史には「校舎四教室木造瓦葺復旧竣工」とある。伯母さんが入学したのはこのあとのことになるだろうか。当時、大韓民国には義務教育制度が導入されておらず、学校に通うためには授業料が必要だった。それを払う余裕は、伯母さんの住んでいた家庭にはなかった。

「怖い目」の意味

五一年の時点では、済州島における実質的な武力闘争はほぼ終了している。彼女が入学したときには、小学校は再び学校として機能しはじめたところだったということだろう。

伯母さんからもう少し済州島の話を聞いた。私はこのときまたしても、四・三事件の話がまったく出てこないのを怪訝(けげん)に思っていたのだった。

だから、その間に学校行ったり来たりして、ハングルもわからへん。やっぱり基礎から覚えんかったら。もう。行けへんかった。

――なんか、向こうで、なんていうんか、友達と遊んだりとか

遊んだりばっかしや。

――あ、そうだったんですか

うん。ほんで、姉さんが、どうかな、あのー、なんかいう、タバコ売りにとか。豚な、連れてきて、豚おっきならして。ちっちゃい豚な、おっきならしたり、そういう商売しとってん。で、履物、コムシン［ゴム靴］とかな、そういう商売してな。

――タバコ売ったり、靴売ったり、豚育てはったり

そうそう。そんなんな。一週間に一回な、あのー、店があんねん。そのとき、売りに行くわけや。毎日じゃなくて。遠いとこな。

――店いうか、市場みたいな

そうそうそう。一週間に一回な。姉さんが、そんなとこ行くやんか。ほんで、遅まで帰ってけえへんかったら、私、道のとこ、ちいっと立ってな、姉さんが来るの待ったりな。そんなことしとった。うん。学校行かれへんしな。（同前）

こんな具合で、いつまでも私が期待したような話が出てこない。私は「怖い目には遭わなかったんですか」と質問した。いまになって思うと、バカな質問をしたものだ。伯母さんの答えはこんな風だった。

怖い目にはな、その、姉さんの旦那さんがな、ようなクンデ［軍隊］行ったやんか。

――あー、なるほど

姉さんの旦那さん、クンデ行って帰ってきたら、いっぱい姉さんは酒売るから、酒を一生懸命外で炊くやんか。においするからな。ほんで、警察回ったら引っかかるから隠しもって［隠しながら］、一生懸命炊いて、大事に売ろう思て置いといたらな、その人、兵隊から来て、友達らいっぱい連れて来て飲むねん。ぜんぶ。

——あ、そうなんですか。商売の道具なのに

姉さんが一生懸命商売しよう思たのん。ほんで、気に入らんかったら、足でぼーん蹴んのん、私見たことあんねん。それ、いまでも覚えてんねん。姉さんな。ほんだ、殴るねん。ぼーんって、顔。ほんで、鼻血出んねん。姉さんが。ほんなら、私、もう泣いて、私も泣いてな。そんなん何回も。それが怖かったわ。それが、いまでも忘れん。

——もう、そっちのほうが、全然、そんな

その人が怖かってな。それでも、まあ、あの、年いってな、兵隊も終わって帰ってきて、住んだりして、子供もできたりしたけど、ずっとな。そういうことを、

私はちっさいときのこと、そんなこと覚えてたことは、覚えてるしな。嫌なことな。（同前）

私はどうも、ここでようやく気がついたようだ。怖いことや暴力というのは、戦争や放火や殺人や、そういうこと（だけ）ではないのだと。誠奎の伯父さんも言っていたではないか。かつては怖いということがわからなかったと。

俊子伯母さんは朝鮮戦争や四・三事件というものを、そのような歴史的事件としては語らなかった。恐怖はもっと身近なところにあった。私が聞いてみたかった「歴史的な証言」の代わりに、私はごく個人的な、しかし強烈な、伯母さんの遭った「怖い目」や「嫌なこと」を聞いた。

お母さん、わからんねん

伯母さんが日本へ行くことになったのは、小学校に上がって数年経ってからだった。

ほんで、それから、あのー、日本からな、ここのおばあちゃんがな、お金ちょっと送るやんか。私、連れて住んでるから。姉さん、結婚させたやろ。困ってるからな。ほな、それもらおうと思ってな、姉さんはな、私連れに何回か行ったやん、日本から、このー、私を連れてきて言うて、密航で連れてきてって、ここのお母さんが頼むやんか。密航でな。

——はい。手紙とかなんかで

いや、人にな。

——人に？

船乗ってる人にな。

——あー。ほな、けっこう当時は、そういうふうに行ったり来たりいうのはあった。

――多かったんですか？

それは内緒でな。

ほんで、あのー、連れて行ったら、うちの姉さんが、まだ行かしたくない言うてな。ほな、私もちっちゃいし、そんなんわかれへんやん。うんで、お金やっぱり送ってやるやんか。私を連れて住んでるから。嫁に行ってるけどな。

――はいはいはい

お母さんがな。で、そんなこともあって、何回か行ってるうちに、もう、ほんだら、学校も月謝ないで行かれへんしやな、日本行くかって姉さんが言うから、うん言うてな。ほんで、釜山（プサン）からな、釜山まで船で行ってん。んで、釜山から、また晩に船に乗って、密航や。晩、密航でな。ほんで、そのときチョンアニ［ク

――そうですね

ンソンの長子、朴鐘煥（パクジョンファン）］も一緒やってん。

――そうなんですか

チョンアニと、親戚、いとこの人、おんねん。もう亡くなったけどな。いとことチョンアニと私と。チョンアニめっちゃちっちゃかってん。

――はい。そうですよね

うん。ちっちゃかって。ほんで、一緒に来て、どこか知らんねんけど、夜な、晩にな、山のとこ行ってな、ほんで、セッソン［次兄の朴仁奎（パクインギュ）］が連れに来はってん。セッソンってもう亡くなったほうな。

で、連れに来て、ほんで電車乗って、家来たやんか。来たら、「お母さん、これや」言うたら、「あ、そうか」。お母さんわからんねん、私。顔も覚えとらんしな。

――あー。そうか。あの、五歳のときに別れはって、五年ぐらいですかね。五、六年？

そやろな。一〇歳、一年生やったら、一年生やったら八歳に行くやろ。と、やっぱ二年生か三年生までおったんじゃない？　（同前）

俊子伯母さんが日本に来たのは、本人の記憶では一〇歳頃。ただし、彼女が大阪に着いた時点で私の父親（一九五二年生まれ）がすでに赤ん坊ではなかったことや、誠奎伯父さんや貞姫（チョンヒ）伯母さんの話を突き合わせれば、おそらく一一歳になっていたかもしれない。

とすると、彼女の渡航時期は一九五五年前後だったということになる。

みんな組んでるからな

一九五五年前後、朝鮮戦争時期の混乱と食糧不足に加え、自然災害によって済州島民は非常に厳しい状況に置かれていた。五〇年代には台風、干ばつなどの自然災害も多く、五五年、五七年、五八年と凶作を記録している。

五六年には大型台風の被害を受け、五七年は四〇年ぶりの大凶作として記録された。さらに五九年には大型台風によって七五〇〇世帯三万三〇〇〇人が罹災（りさい）している。[3]

当時の農家は、夏や秋に農作物を刈り入れても冬には底をつき、三月から麦が収穫される六月頃までは政府の貸与食料に頼る。貸与食料は麦の収穫後に倍にして返さなければならないことから、翌年にはさらに多くの貸与食料を必要とするという悪循環の中にあった。

渡航自体は、貞姫伯母さんが何度も発見され大村収容所を経て強制送還されたのに比べれば、俊子伯母さんの場合スムーズだった。ただ、済州で生活していた間に、伯母さんは自分の母親の顔を忘れてしまっていた。母親も伯母さんの顔を覚えていなかったらしい。

――こっちに来るときの、その、例えば船に乗って来はりますね

そうよ。

――済州から釜山、釜山から日本までって

そうそうそう。

――その船って、例えば、その、なんていうか

晩に乗ったからな、わかれへん。船の底に。

――船の底ですか？

船の底で、密航で来たわけや。我々はな。ほんで、山のとこ降ろすねん。ほんで、山のとこからずっと歩いて、どっか、誰か連れに来るやんか。んで、みんなちょっとずつやで、それ、一〇人か二〇人くらいやで。

で、チョンアニも、親戚のんも、ほかの人らでも、それで捕まったりするけど、私らは捕まらんかったな。うまいことな。

――なんか、えーと、あのー、上の伯母さんが捕まって、大村収容所行かはった

って

ユキちゃん［貞姫伯母さんの通名、ユキコ］はな。何回も捕まって、そういうふうにして。二回も三回も。

――そういうのって、やっぱり向こう、済州にいるときとかに、そういう話題になったりしますか？

そういう、それはな、済州島で捕まるんじゃなくて。

――ええ、わかります

あのー、済州島で。

――釜山とか

あのー、釜山来て、釜山から日本に来てから、そういう、家に行ったときにとか、密航で捕まる、そこで捕まるわけや。ここ、親とこ来るまでにな。

——そやから、そういうの危ないいうような話って聞かはります？　密航で行ったら捕まるんちゃうか、みたいな

そんなんは、みんないっつもあることやから。私はちっさいから、そういうことはわからんからな、ついてきただけやけど。うまいこと。

あの姉さん［貞姫伯母さん］はおっきなってきたやん。二〇歳ぐらいかな、来たと思うよ。あの姉さんは。向こうに二〇歳ぐらいまでおったと思うよ。だから、ようひっかかってん。私はちっさい、ほかのおっきい人らもおるけど、運が良かったわけやな。いっぺんで来たんやな。

ほんで、そういう、ちっさいときのことやから、船の底に隠れて、山に来て、山からずっと歩いて、どっか家におったら、セッソン［次兄］から呼びに来て、で、電車で帰ってきた。チョンアニと私、二人な。

――ほかに、なんていうか、いとこの、ちょっと、チョンアニの兄さんと、あと、なんかこう、ほかにいろんな人乗ってはりますか？

そうよ。みんな、ばらばら。一緒やけど、一緒におったけど、みんな別々。

――別に知り合いじゃない人

知り合いじゃないよ。よっけ来たよ。

――はいはいはい

うん。そやけ、一〇人か二〇人か知らんけど、多かったわ。

――ああ。なんか、わりとちっさい船？

ちっさい船かおっきい船か知らん。ちっちゃいから覚えてない。

——そうですね

とにかく船の底にな、ちいっと、ほんで、出なさい言うて晩に出て。そしたら、みんな言う通りにちゃんと歩いて。で、船から降りるときは、何人かいっぺんでばーって出たらあかんから、二、三人ずつっていうふうにな。

——はいはいはい。それは、船の人が言うてくれはって？

そうそう。みんな、みんな組んでるからな。

——そうですね

船の人らこっち住んでる。

——はいはいはい

そういうふうにして来たけどな。

――で、もう、そっからすぐ電車乗って？

うん。だから、そっから、家におったらセッソンが連れてきて、で、電車乗って連れてきて。連絡してるやんか。ちゃんとな。来たから言うて。そういうふうに来てな。ほんで、登録は、もうここで、布施の永和で生まれてるから、そのままやな。

――はいはいはい、なるほど

行ってきてないことになってるからな。

――そういうことになってるんですか？

私はな。

――はいはいはい

登録は、ここに生まれた、産婆証明があったわけや。だから、行ってきてないことになってるから、そのまま登録になって、永住権も、いまはもうここの人と一緒になって。だから、来たときは登録なかったけども、あの、すぐつくれるわいうて。だから、セッソンがつくってくれたと思うよ。（同前）

この「密航」のパターンは貞姫伯母さんの場合とほぼ同じだ。済州島から釜山まで渡り、釜山から日本へ「密航」する。上陸したあとは「どっかの家で隠れ」、家族が来るのを待ち、家族と共に自分たちの目的地に向かうというものだ。

俊子伯母さんはブローカーの存在、つまり貞姫伯母さんの言う「ヤミみたいに行ったり来たりしてるおばちゃん」の存在を覚えていないが、もしかすると俊子伯母さんたちも同じようなブローカーに伴われていたのかも知れない。あるいは貞姫伯母さんたちの「密航」方法が当時すでに一般的になっており、俊子伯母さんたちの

「船の人ら」も同じ方法を採ったというだけかも知れない。

「みんな組んでるからな」という発言も興味深い。そう、「密航」に関わっていたのは「密航者」本人たちやブローカーだけではなかった。

伯母さんたちを運んだ「船の人ら」や、「密航者」を一時的にかくまっておく家の所有者、「密航者」や「密航船」と思われる人や船を黙認し、あるいはそういうものであると認識していた上陸地の人々などもまた、「密航」に関わっていた。

高鮮徽(コソンフィ)は一九四〇年代後半から五〇年代にかけて、「ヤミの運び屋」という職業が特に釜山－対馬(つしま)間で発達したこと、それが六〇年代にも対馬では「一時期はやった商売」であり、「洋服の生地とかを対馬から釜山へ運んで、連絡がきたら今度は人連れに」[4]行ったり来たりしていたと紹介しているではないか。「密航」は単なる個人の不法行為ではなかった。「密航」は個人の自由な選択というにはあまりにも多くの要素を含んでいる。

それがなぜ引き起こされ、どのように実行され、いかなる結果を導いたのか。すなわち政治的亡命や家族の統合といった「密航」に至るまでの背景、密航者だけでなくブローカー、船主、上陸地域の住民といった「密航」を可能にした諸条件、そして「密航」の多発によって引き起こされた政策や、その政策が導いた新たな政治的局面といった諸要素を考えながら「密航」という現象を理解しなければならないだろう。

働きはじめる

伯母さんは日本に来たら学校に入れるかと思っていたのだが、実際はうまくいかなかった。伯母さんはすでに一〇歳か一一歳になっており、授業にまったくついていけなかったのだ。伯母さんはチョンアニと共に朝鮮学校に入ったと記憶しているのだけれども、いきなり小学校四年生か五年生に編入して、授業についていけるはずがなかった。

――あ、そっかそっか。もうこっち戻ってきたとき一〇歳ぐらいで、それから小学校

うん。学校、小学校入れたけど、全然あかんねん。あのー、わかれへんねん、字が、全然。下、一年生から行ってないから。だから、追いつけへんしな。で、すぐ夏休みなったしな。ほんでチョンアニは、下から行ったから行けるわけや。私は、年は

いってるけどなんにも頭にないからな。一年生も行ってないからな。もう無理やねん。

――ほな、こっちに来はったんは、春ぐらいなんですかね。すぐ夏休み

それは、いつか、すぐ夏休みなったわ。学校、名前、とにかく行けって、チョンアニと私、セッソン［次兄］からな、朝鮮学校入れてん、布施のな。

――あ、朝鮮学校に入ったんですか？

うん。入れてくれて。朝鮮学校な。で、チョンアニは、一年生からやから、ちっさいから行けたけど、私はあかんねやんか。年いってんのにな。一年生も行かれへんしな。それでも、まあ行けいうて、名前は載せたけど行かれへんで、ずっとセッソンとこでいたりな。働いとったやん。

――伯母さんが来はったとき、うちの父親ってもう小学校ぐらい？

私来たときは、そうやったかな？　私わからんわ、義和のこと。元奎（ウォンギュ）のことはよう覚えてんねん。元奎はな、小学校行っとってな、よう私いじめんねん。チョーセンチョーセン、足の裏ちょっと違う、いうてな。

——伯母さんを、伯母さんをいじめて

私な。

——伯母さんにそんなん言わはるんですか？

言うねんよ。

——そうなんですか

ほんだら私、いやー、言うてな、もう元奎にな、カッとしたな。泣きながらな、いじめてる、朝鮮、言葉わからんよ、私。日本語、日本語知らんからな。朝鮮、朝鮮。どこ違う、足の裏ちょっと違う言うてな。言葉わからんからな、すごい学校行ってきて、私にな、言うねん。みんな私のこと言うてる言うてな、殴りに走り回んねん。だら、逃げんねん。

——え、え、元奎の伯父さんが伯母さんに、朝鮮、朝鮮、言うて。言わはって

そう、そう。言う、言う。そう。ほんで、私腹立ってな。でも、元奎のことはよう覚えてんねん。ちっさいとき。義和のことはあんまり覚えてないわ。

——元奎の伯父さんは、ちっさい頃から大きい感じで

おっきねん。小学生やからな。そうやってよういちびる「いじめる、囃(はや)し立てる」ねん。ちっちゃいときは笑おう思て。小学校、たぶん五年かぐらいやと思う。チョーセンチョーセンってそんなこと言われて。きょうだいって、みんなそんなんして仲良しするんちゃう。

（同前）

この囃し言葉は、おそらく「チョーセンチョーセン　パカいうな　同じ顔してどこが違う　足の裏がちょっと違う」というものではないだろうか。もしかすると、一定年齢以上の在日コリアンは、この囃し言葉を聞いたことがあるかもしれない。「パカ」というのは「馬鹿」のこと。韓国語で語頭の濁音(だくおん)を発音しないことをからかったものだ。

この差別的なからかい言葉を弟が姉に投げかけていたことに、私は驚かされてしまった。

住み込みで帽子工場に

学校に行くのをやめたあと、伯母さんはまずセッソン（次兄の仁奎伯父さん）の工場で働き、そのあとで帽子工場に住み込みで働いた。

日本人・在日コリアン（オールドカマーおよびニューカマー）を対象とした雇用形態に関する調査によると、一九九五年の大阪市内で「収入が得られる仕事」として内職を挙げたものは日本人女性で三・五パーセント、在日朝鮮人女性で六・五パーセント。[5]

俊子伯母さんは仕事を転々としてきた。三輪車づくり、帽子づくり、洋服仕立て、ナット製造など、どれも零細工場あるいは家族の経営する工場で雇われた。

伯母さんのように転職を繰り返すことも、在日朝鮮人の就業形態に見られる特徴の一つだ。四五歳から六四歳の男性の場合、五回以上転職を繰り返した者の割合は、日本人の九・七パーセント、ニューカマーの一・五パーセントに対し、オールドカマーで一七・七パーセント。女性は同じ年齢層で五回以上の転職経験者が日本人四パーセント、ニューカマー一〇パーセントに対しオールドカマー二三・一パーセントとなっている。[6]

——あの、あれですか。こっち来はったんが、そんな一〇とか、一一とか、そんなんで来はって

そうよ。ずっとおったよ。

——ずっと働いてはった?

そう。帽子屋で働いたり、ミシンするとこでな、住み込みにおったりな。そういうのんで、また、大きい兄ちゃん［誠奎伯父さん］が、あの、鉄骨の仕事するようになったから。家でな。鉄骨のねじ切りしとったやんか。それが嫌や言うて、ミシンに、外行ってしたり、そうやって家で揉めることばっかりしとったやんか。家で、セッソンが誠奎兄さんとも揉めたりな。よう家で揉めとったわ。

――皆さん一緒に住んではったんですか？

そうや。あの、誠奎兄さんもな、みんな鉄骨の仕事しに行ったりな。で、セッソンは、なんか、サドルのな、三輪車の仕事しとってな。お母さんが、なんか包んどってん。（同前）

帽子工場に住み込みで働いていたときには、月末に母親が会いに来て、伯母さんの受け取った月給を持って帰ってしまっていた。伯母さんの手元に残るのは毎月一二〇円。それで銭湯に一回か二回行き、ときどき甘いものを買って終わり。自分の月給が実際のところいくらだったのか、伯母さんは知らない。私の祖母は、息子たちにとっては家族のために自分のすべてをなげうって働き続けた母親だったかもしれないが、伯母さんにとっては、月末にだけ現れて自分の稼ぎのほとんどを持って行く母親だった。

そんな母を伯母さんは特にひどいとも冷たいとも思わなかったようだし、いまでも思っていない。自分たちが貧しいのは知っていた。母に金が必要なことも知っていた。住み込みで働いていればそれほど金には困らない。だから母が月給を持って行っても特に気にはしなかった。というよりも、それが当たり前のことだったのだろう。

伯母さんの恋

誠奎(ソンギュ)伯父さんが自分の工場を持ちはじめて二、三年すると、俊子伯母さんもそこで働くようになった。伯母さんは一八歳になっていた。

どうもその頃、伯母さんは恋をしていたらしい。

——なんか、前、祭祀(チェサ)のときにちょっと話してくれはった、昔、工場で会った、日本人の男の人っていう、あの話ちょっと教えてくれませんか?

あ、私か？

——ええ

日本の人、おったよ。あのー、住み込みでするとき、男の人、好きな人できとったけどな。

——あ、そうなんですか

うん。そやけども、その人と、日本人やからあかんいうて、お母さんも言うてん。もう田舎から来た人やからな、どっか行ってまいよったわ。

——あ、そうなんですか

うん。付き合ってたけどな。

——あ、デートとか

したよ。あのー、なんかデートしても、晩にな、そこみんなひろっぱ［広場］やってん。いま家やけど、みんな畑やって。畑のところ、こう歩いたり、晩にな、したことあるけども、全然。

——それは、おいくつぐらいのときですか？

だから、一九ぐらいのときちゃうか。

——あ、そうかそうか。ちょうど結婚しはる前ぐらいですよね

そうや、うん。だからお母さんに、そんなこと言うたけどな。日本の人はあかん言うてな。結婚してな、別れてな、その人と一緒になってもええわって言うたから、そうした。

――ああ、なるほど。一回結婚して、別れて

で、ええ言うとったから、そないしようと思っとったけどな。

――なるほど。それはすごいですね

お母さんな、言うとったけど、そんなしよう思たけど、もうそんな人おれへんしな。すぐ子どもできたんよ、キヨミ。

――あ、そうなんですか

うん。あの子、二一でできたよ。もういま四〇過ぎてる。（同前）

祭祀（チェサ）の席で聞いたときには、クンソン［長兄］の伯父さんと誠奎の伯父さんがこの男性のところに押しかけて何かをしたらしいということだったのだけれども、何があったのかはわからない（ご想像にお任せします）。

伯母さんの結婚

――で、もう帰ってきて、帰ってきていうか、こっちの家に、ハルモニ［祖母］とかの住んではるとこに行って

そや。うん。それでな、ハルモニとこで、あのー、そのときの兄さんが鉄工所の仕事しとったやん。ねじ切りな。んで、それが私、嫌や嫌や言うて、ミシンしに行ったりな。

――あ、そうなんですか。鉄骨じゃなくて

鉄骨、手どろどろやから嫌や言うてね。一八ぐらいになってな。ほんで、一九かな。そんなとき、私ミシンするとこ行ったら、誠奎兄さんが連れに来て、ねじ切りに来い、言うて、家連れに来たりな。よう、そんなんして、家でもめることばっかりあってな。ほんで、ハルモニは、ハチミツ売りに回っとってん。田舎から。

——それは、なんか聞いたことあります

ハチミツ押してな。売りに回っとって。ほんで、いまのおっちゃん［伯母さんの配偶者］が、韓国から二五歳で来はってん。釜山で。

——あ、そうなんですか？　釜山に住んではったんですか？

釜山。ここのおっちゃんはな。

——ええ、ええ、ええ

釜山に住んどって、釜山から自分のお父さん探して、こっち来たん。二五歳とき。

——はいはいはい

んで、どっかの、あの、朝鮮市場の二階借りて住んでて、うちのお母さんがハチミツ売りに回ってて、下のおばちゃんと仲良しやっててん。

ほな、お母さんが、うちのお母さん、どんな兄ちゃんや言うてやな。ほんで、あの、いまのおっちゃん見たら、うちのお母さん気に入って、かわいそうやっていうふうにして。あの、あんたのお母さんは？　言うたら、いや、三つのとき亡くなりました。日本で亡くなりましたとか、お父さん捜してきたらこんなんです言うて、いろんなん聞いたら、うちのお母さんかわいそうなったんちゃう。ほな、この人と結婚させたらちょうどええわと思たんちゃうか。私は。

——あー、なるほど

いや、言うこと聞けへんでな。喧嘩ばっかりするしな。ちょうど私、二〇歳や、そのとき。

——あ、そんとき。ほな

二〇歳。

——五つ上なんですよね

五つ、五つ。六つ上かな。

——六つ。はいはいはい

うん。だから、ほんで、私な、お母さんそんな、日本の人はあかんて言うたけどな、結婚して、別れてな、その人と一緒なってもええて言うたから、そないしよと思てな。

——はい。あー。一回、あの、いっても、離婚しても

うん。ええから言うて。

――ええから言うて

私、家が嫌やってん。もう喧嘩ばっかしな。ねじ切りせえ、ねじ切りせえ、言うてな。（同前）

こうして伯母さんは、日本にやってきて一〇年ほどで、面識のなかった男性と結婚した。

夜間中学校へ

かつて祭祀の席で、伯母さんは一度私に、学校に行けなかったことがつらかった、という話をしてくれたことがあった。

一九六〇年の国勢調査によれば、大阪府内での未就学者数は五万二五三二名。うち男性一万二四四七名、女性四万八五名。未就学者が最も多いのは堺市（四一八一名）、大阪市生野区（四〇九三名）、布施市（当時・二五三一名）の順になり、地域における未就学者割合の最も高いのは生野区となる。

この中には、伯母さんのように学校に通ったが卒業できなかった未修了者は含まれていない。未就学者の多くは、俊子伯母さんのように子ども時代に様々な事情があったり、家庭が貧しいために家事や労働に従事せざるを得なかったりして、就学できなかった人々だった。

——あの、ほんで、えーと、それから学校行かはったんですよね

ああ、夜間中学校な。夜間中学校行ったわ。ものすごい、字知らんからな、つらかってな、お腹大きなって、母子手帳もらいに区役所行くやんか、大きなって。ほんで、全然よう書けへんやんか。名前も住所も。めっちゃつらかってな。これはもう、もう嫌やってな、もうこんなになんとも言われんで、字わからなあかんわ思うてな。一生懸命書いたりな、晩にな。

ほんで、どっか勉強するとこないかなと思っとったら、天王寺夜間中学あるいうの教えてくれてな。そんで、行ったわ、天王寺。初めて机の上座ったらうれしかった。（同前）

伯母さんの通っていた大阪市立天王寺中学校に夜間学級が創設されたのは、一九六九年。大阪府内における初の公立夜間中学校だ。全国に設立された夜間中学校の数は一九五四年にピークに達し、その当時には学校数八七、生徒数五〇〇〇人を数えた。しかし、その後夜間中学の数は減少に転じ、一九六八年には校数二一校・生徒数四一六人に減少した。日本の教育行政が「夜間の授業はあくまで臨時の措置であり、学校教育法そのものが想定しているものではない」「学齢超過者は学校教育ではなく社会教育で学ぶべきである」という指針をとったためだった。

そう考えると、在日朝鮮人の教育運動には二つの大きなピークがあると言えるのではないだろうか。一つ目は一九四五年の解放直後から四八年の阪神教育闘争までの時期。ここでは主に、児童・生徒のための全日制普通学校教育が求められた。二つ目に五〇年代前半の夜間中学校設立運動がある。

これらは二つとも、「日本人」をつくるための教育を希求する教育基本法と学校教育法とを根拠にして暴力的に閉鎖されるか、あるいは予算を削られるなどの間接的な手段によって閉鎖されていった。

戦後民主主義の根幹として学校教育を支えた教育基本法は、「日本人」以外の人々、学ぶ場を奪われ失った人々の「学校」を廃止するのにも手を貸したと言えるだろう。

どんだけつらいか、そのつらいのわからへん

——それはいつぐらいの

結婚してから、子ども、キヨミの生まれたときやからな、晩に行く。毎日やからな。大変やからちょびちょびしか行ってへんけどな。あんときは、天王寺夜間中学、初めて机の上座ったときはうれしかった。それで、「1、2、3」書いたりな、「あいうえお」書いたりな。

——なんか、あの、学校の先生は、どういう人らやったんですか？

うん、優しいよ。うん。もう一生懸命教えてくれたしな、私、字知らんから自殺しよう思うたことある。

——そう、そうなんですか？

あるよ。もう字知らんでつらいでな、病院、赤ちゃんのときおんぶして、電車みちのところ行ったりしたことあってん。でも、怖いでできんかった。

――あの、やっぱりあれですか、あのー、ちっさいときから伯母さんいろいろ苦労してはるやないですか。その、お姉さんの家に預けられたりとか、一人でこっち来たりとか、ずっと働いたりとか。そういうことよりもやっぱり字が読めへんほうがつらい?

ずっとつらい。

――ずっとつらいですか?

ずうっとつらい。字わからんがどんだけつらいか。人に言われへん。ほんでもう、そんなん暮らしてきたことつらいより、その字知らんのんつらさは、なんとも言われん。うん、だからすごくつらいから、もう夜中に起きてな、みんな寝てるのに書いたりな。

で、天王寺夜間中学校行ったら、赤ちゃん、キヨミ小さいときやから、お前学校行かす言うて結婚してないとか言うて喧嘩したりな、すごくしたけどな。なんとかかんとか行って。ほんで、卒業するまでしたわ。

——ほな、あれですか、えーと、日中は家の中でお仕事しはって

そうよ。ずっと仕事。帰ってきて二時、三時まで仕事しとった。うん。

——あ、そっか。お仕事ずっとしはって

そしてその時間だけ、自転車でばーっと行ってな。ほんで終わって、九時ごろ終わって、家帰って、またそっからずっとそんなふうにしとったの。で、明日取りに来るいうたら、間に合わさなあかんからな。

——そうですね

だからうち、娘が言うてるもん。みんな、お父ちゃんは二階で寝てるけどな、テレビ見てるけど、お母ちゃんだけな、寒いから何か毛布みたいなの汚いのくるんでな、ずっとミシンしてんの、キヨミが覚えてる言うて、いまも言う。その、字知らんのぐらいつらさはない。

――そうですか。あのー

だってどっか行こう思て、電車とこ行ったって、字知らんからわからんやん。な。そんで、どっか行って、参観日行ったって、何か書かされるか思ってドキドキする。何か悪いことしたみたいにな。

――あ、はい。その娘さんの参観日に

参観日とか、幼稚園とか行ったら、紙持ってくるやん。わかれへん。幼稚園。どんだけつらいか、そのつらいのわからへん。どこもわからへん。字知らんほどつらさは、人には言われん。

やから、お母さんに言うたことあんねん。なんでな、うちを学校行かしてくれなんだ、ここ来たときでも、学校行かしてくれてたらこんなつらい思いせんで済んだのに、って。

ほな、お母さんが、「お前のお父さんが博打ばっかりしてお金なかったから」て。「夜間中学でも探して入れてくれたらよかったのに。私が日本来たときでも夜間中学あったやんか」てお母さんに言うてん。そしたらお母さん、「そんなことしいひんかったから、私のこと、お母さんて呼ばんでええ！」て、お母さん泣きながら、布施住むとき帰りはった。

私ずっと二、三日な、お母さん泣かして帰らしたんがものすごつらいて、また、お母さん住んどった布施まで、自転車でな、娘おんぶして、「お母さんごめんな」て。そんなんしたこと何回もある。そのとき義和、中学校行っとった。義和、中学校行っとるときやってな、トイレで一生懸命な、本読んどったの聞いたことある。私。うん、キヨミをおんぶしてな、布施行ったとき。そんなこともあった。

（同前）

このときに伯母さんが言った「どんだけつらいか、そのつらいのわからへん。どこもわからへん。字知らんほどつらさは、人には言われん」という言葉を、ときどき私は思い出す。

私は伯母さんが「どんだけつらいか、そのつらいのわからへん」の主語は、不自由なく日本語の読み書きができる人間すべてだ。そのすぐあとに出てくる「どこもわからへん」の主語は、おそらく伯母さんだ。字を知らないつらさは言葉にできない。すでに字を読めるようになってしまった者に対しては、なおさらそうかもしれない。

カラオケ行っても、いまは読めるし

――中学、何年ぐらい行かはったんですか？

私、夜間中学？

――ええ、ええ

夜間中学は、まあ、一応年にしたら九年やけどな、年数にしたら。九年やけど、半分ぐらい、年数経ったらもう、字わからんでもな、名前載せたらな、卒業せなあかん。

——あ、そうなんですね

うん。だから九年行って。で、卒業証ももらったけどな。それにして、もう住所と名前書けるし、カラオケ行っても、いまは読めるし。読むことはな。だからいまの仕事でも、読めるからできんねん。

——あ、すいません、いまどういうお仕事をしてはるんでしたっけ?

いまはな、あの、ホテル。あのー、都ホテル、掃除やけどな。一応そこもな、いろんな字読まなあかんときがあんねん。

——そうですね、あの、お部屋のなんか、番号やら番号は、まあ、毎日書くけどな。そりゃ「1、2、3」は書けるけど、いろんな紙が来るわけ。今日はこういう、な。捨てるんやいう。読むこと、一応、読まんことはできへん。

——そうですね

忘れもんあったら、何番の部屋に忘れもんって書くくらいのもんやけどな。でも、それでも前は書かれへんかったやんか。でもいまは、そんだけ夜間中学行ったおかげで、いまは旅行もな、行ける。ドキドキせえへん。すごく気持ちがうれしい。

カラオケ行ったたって、字みんな読めるし、歌えるしな。ほんで、電車、道行ったって、ああ、これは和歌山行きや、京都行きや、いうのぐらい読める。前はなんにもわからん。だって、電話番号も自分の名前も書かれん。どんだけつらいか。ほんで、どっか外から電話かかって、何か言うてくれ言ったたって何もわからへん。名前読まれへん。

そのつらさ、わかれへんやん。人には言われへん。恥ずかしい。そんだけつらかったからな。必死で行ったわ。喧嘩しながらでも、ほんまに、夜間中学校でな、一生懸命して、そんだけ行ってきたら、そんだけの仕事してな、そこまでして。いまはもうほんまにな、どこでも行ける。書くいうたって、名前と住所、病院行ったって名前と住所と書かなあかんやんか。前からな。それもよう書けんかった。いまは書けるから。

——ほなあれですよね、病院行っても、書けるわけですよね。いまやったら住所と電話番号とな。それがよう書けんかった、前はな。でもいまは書けるし。何もな、あの、不自由ないからな。前のこと考えたら、ほんま生きててよかった思う。（同前）

当たり前かもしれないが、いまの話をしていても、伯母さんの話は過去に戻っていく。そして少し新しい情報（かつて電話がかかってきたときの困惑と、いま病院に行ったときの容易さ）が加えられる。カラオケに行けず、出かけられず、自分の選ぶ場所で働けなかった過去と、カラオケで歌い、電車に乗り、仕事ができるいまが繰り返し対比される。

鉛筆で食うてる家族

インタビューの最後に、私はいま考えるとなんとも役に立たない質問をした。伯母さんの答えは、ありがたいことに、とても実際的だった。

――あのー、こっちで、どう、やっぱり日本は住みやすいところやって思わはります？　伯母さんは

韓国より？

――そうですね

そりゃ、あの、韓国は空気もええし。ええけど、やっぱり日本のほうが、あの、働いたお金もうけられるやん。向こうは仕事がないやん。畑がなかったらな。やっぱ日本がええと思うよ。お金貯める、働くとこあるから。仕事があるからな。

——いままでで一番、こう、楽しかったことというたら？

楽しかったことはな、どうかな、楽しいことな。そりゃ楽しいこともあるやろ。ハワイも行ったし。

——じゃあやっぱり、いままで一番つらかったこと言うたら、やっぱり字？

字知らんのんがつらいな。ほんまに、やっぱり勉強しとかな、人並みに歩かれへんで。字わかってたら私、離婚してるよ。字わからんでな、やっていく自信がないからな。

——あー。なるほど

せやで。

——あ、そうなんですか。やっぱり字わかってたら全然違う

ぜったい離婚してるよ。自分の道行っているよ。せやけど、字知らんからな。やっぱり弱気やんか。世の中な。回覧板来ても読まれへんし、な。いろいろあるで。家にいたって。

——そうですね。なんや、いろんな重要なお知らせとかね

（同前）

私は自分の道を行っているだろうか。私は「人並みに歩」けないと恐れている人のことを想像したことがあるだろうか。

学部時代、私は古い論文や研究書を読んで「何十年前だったら、こんなのでも大発見になったのか」と驚いていた。けれども、では自分がもし何十年か前に、同じように在日コリアンの女として生まれていたら？　大発見どころか、それを読むような場所に行くことも、そのような場所が存在することも、知らなかったに違いない。

私の祖母が俊子伯母さんから持って行ったお金の一部は、確実に、私の父の養育費や学費になっていたはずだ。そして私の父は兄弟姉妹の中でただ一人、大学に進学し

て中学校の教員になった。

かつて祭祀の席で従兄の子どもたちから聞いたことがある。誠奎伯父さんはその子たちに「ヨシカズの家は鉛筆で飯食うてる」「俺らは体で飯食うてきた」と言ったらしい。私たちが「鉛筆で食うてる」家族になったのは、比喩ではなくかなり直接的に、伯母さんたちに負っている。

——あの、じゃあこれからやってみたいことってありますか？

これからやってみたいこと？　旅行したいわ。仕事あるから行かれんだけでな。旅行も友達らと行くけど、あの、どういうんかな。別にしたいいうことない。特別にしたいいうのないけどな。うん。仕事あるからな。

——ええ。旅行いうたら、日本か、海外か……

海外とかな、少し行きたい思うよ。でも一人で行かれへんから。

――そうですね。けっこう

二人で行かな。仕事辞めたら行こう思てん。

――あ、そうなんですか。いまのお仕事長いんですか？

いまの仕事はな、ホテルの掃除やからな、都ホテル掃除やから、ちょうど三年半ぐらいや。六五で定年でな。六五なったらもう働かれへんって思うわ。いま六三やろ。満でいく［年を数える］やんか。で、今度一二月なったら六三［六四］やんか。[7]だから、あと二年か三年までやね。それ終わったら、もう働けんなったら、旅行しようかなとか思ってる。

――そうですね

それだけ。したい言うたらそれだけ。だから、明日死んでも悔いないように生きてる。昨日もカラオケ行ったりな、してる。友達多いからな。

——あ、そうなんですか

うん。プールの友達とか、仕事の友達とかな。学校行ってたからずっと、学校の友達とかな。よう電話かかったりな。いっぱいおる。学校の友達が一番親しいわ。やっぱ心わかってるから。

——そうですよね。やっぱり同じ

何も隠し事なしでな、言えるから。　（同前）

語りの雑多さ

大門正克は、「語る歴史の中では、時間に沿って経験があるのではなく、経験の中で時間がつながりあっていた」[8]と指摘する。これは歴史を口頭で語るときの特徴ではないかと思う。貞姫（チョンヒ）伯母さんのときも、私は似たような体験をした。

その後博士課程になってから、在日コリアン一世の女性たちにインタビューしたときもよく似た体験をした。語り手の経験した事柄の一つひとつはきわめて個人的な別の事柄と一体化しており、それら一つひとつを切り分けて歴史的な文脈の中に置くことは、少なくともインタビューの場では不可能だと気づく。

これはおそらく、オーラルヒストリー（生活史）という調査方法に特有の研究課題だろう。インタビューの場で、語り手は自らの過去の認識を示す。それはしばしば、調査者である聞き手の過去に対する認識や知識と食い違う。

彼女たちの話から、個別の事件を切り分けるのは難しいのだ。なぜなら、歴史的な事件としては理解されていなかったり、彼女たちはそのような語句を用いなかったり、別の体験として語られるからだ。

そのとき、調査者は彼女たちの語ることをどう書けばよいだろうか。もちろん、それは調査者の問題関心に準ずる。

歴史的な事件の解明を目指すのであれば、個人的な体験から噂話、歴史的な事件まですべてがごった煮になったデータの中から、調査者の関心をひく部分を取り出して分析の対象にすればいい。

もし歴史の語られ方を調べたいのなら、その語りの雑多さを俎上に載せ、いかに歴史が語られるか、それはインタビューの場のどのようなやり取りによって可能になっているかを考えればいいだろう。あるいは、彼女たちが繰り返し用いる語句や、繰り返し語られるエピソードから、「生きた歴史の全体性」を理解することも可能だろう。私は彼女たちのデータの雑多さがいかに生じるかを考えたい。貞姫伯母さんは四・三事件を「四・三事件」としては語らなかった。彼女にとって、おそらく彼女も共に体験した様々な事柄は、想起されたり語られたりすることではなかった。

俊子伯母さんにとって、四・三事件や朝鮮戦争を経た済州島の生活は、そのような文脈では理解されていなかった。彼女にとって、それは姉の配偶者の飲酒や姉への暴力と、それへの恐怖と嫌悪の体験だった。

このような語りの形式をとるが故に、父や誠奎伯父さんは、俊子伯母さんに昔の話を聞くのは難しいだろうと言ったのかもしれない。伯母さんの話は、学術的な語彙によって整理されているわけではない。時系列に沿って体験が語られるわけでもない。

この文章を書くにあたって、私は伯母さんの話を文字起こししたものを切り貼りし、繰り返し話された部分を削除し、時系列順に並べ直している。おそらく、生活史やオーラルヒストリーを扱う調査者の多くは、データを使って何かを書くとき、似たようなことをするだろう。語られた歴史は編集されなければ、読まれる歴史になかなかならない。

伯母さんはよく「言われへん」と言う。「言葉で言われへん」「人に言われへん」。この台詞も、私はこのあと別の人々から（多くは在日一世の女性たちから）何度も聞いた。

これはおそらく「語りえない何か」などではない。「語りえない」ことなど、おそらくそれほど多くはないのだ。ただ、調査者や聞き手が聞き取り得なかったことがあるだけだ。伯母さんは自分の体験してきたことを雄弁に語っている。幼いときの新村里での生活から、密航してきたときの様子、その後の生活、結婚、文字の読めない苦しさ、夜間中学校との出会い、いまの生活の楽しみや将来の計画まで。俊子伯母さんの話は、例えば「様々な苦労をしたが、夜間中学校に通って文字が読めるようになった」という、克服の物語として記述することが可能だ。

この辺りにおそらく、学校教育の効果を見ることができるだろう。自分の過去を、筋のある話として語ったり書いたりできるためには、そのような筋のある話を知らなければならない。物語を語るためには、物語の形式を知らなければならない。俊子伯母さんの物語は、実は誠奎伯父さんのそれよりもはるかに、筋の通った見事な物語である。

実は、伯父さんたちの話だって、雑多なのだ。同じ話が繰り返し語られ、それら一つひとつは微妙に異なり、時系列は無視され、ある記憶は別の記憶を呼び起こす、このこと自体は変わらない。単に、所々で私の知っている語彙によって体験が記述されているから、わかりやすく感じるに過ぎない。

この、繰り返しと連想と時系列の無視という語られ方の形式は、ポルテッリが指摘したように、記憶することと語ることの双方に関わっている。そして、この語彙の違いや理解される文脈の違いは、語り手がどのような知識や規範の中で生きてきたかを、そして聞き手に対して何を語るべきだと判断しているかを、端的に示している。

俊子伯母さんは、在日一世の女性の類型的な体験を見事に物語っている。それは彼女の過去の理解の仕方と、彼女が生きてきた世界とを、同時に示している。

伯母さんはいつも、祭祀でうちの母に会うといろんな化粧品のアドバイスをしていた。あんた顔は悪くないんやから、もっとこれ使い、ツルツルなるで、月に一回エステに行くぐらいせなあかんで、私なんか毎日プール行ってるんや、あんたまだ若いやろ、もっと体のこと気をつけなあかん、等々。私には「信用が大事や」「信用は金では買われへんからな」「若いうちから覚えとかなあかんで」と言っていた。伯母さんの言うことは、だいたいの場合に正しい。

伯母さんはどういうわけか、ときどき少女のように見えることがある。少女にしては迫力がありすぎるのだが。

第六章

美しい済州

（アルムダウン・チェジュ）

済州島(チェジュド)に行こうと思った理由は二つあった。一つは実際にインタビューで出てきた場所に行って目で見て確認したいと思ったからで、もう一つは何か新しいことがわかるのではないかと思ったからだった。というより、小さいときから知っている風景を、いまもう一度見てみたい、というだけの軽い気持ちだった。

済州のプーさん

済州国際空港に到着したら、雨のようなみぞれのようなものが降っていた。済州の北部は、冬になると寒い。雪も降るし風も強い。夏だったら泳げたのに、失敗したかも、と思いつつ、空港で紹介された旧済州市内にあるモーテルに泊まった。済州島に行くと言ったら、母が友人と旅行したときに知り合った、日本語が上手で親切なタクシーの運転手さんの名刺をくれた。到着してすぐ、タクシーの運転手さんの名刺を渡して、モーテルのおばさんに連絡してもらった。

やってきた五〇過ぎくらいの男性が、真面目な表情と流暢な日本語で「こんにちは、私はプーさんです」と名乗ったので、おそらく冗談だろうと思ったけど笑いそこなった。確かに「夫」という姓で、韓国語なら「プ」と発音する。「高」「梁」と並ぶ、済州に多い姓だ。

二日間、プーさんにあちこち案内してもらった。一日目は新村《シンチョン》小学校（誠奎《ソンギュ》伯父さん・俊子《としこ》伯母さんが通っていた学校）、四・三平和公園、済州四・三研究所。二日目は翰林《ハルリム》小学校と松岳山《ソンアクサン》海岸だ。いまになって思い出すと申し訳ないくらい、短い時間であちこち回ってもらった。

朝、プーさんが迎えに来てくれた。まず車で四〇分くらいかかる、新村小学校に向かった。その日も暗くてみぞれが降っていた。途中でプーさんのお気に入りだという海苔巻き（キムパプ）屋さんに立ち寄り、私とプーさんの分の海苔巻きを買った。中にエゴマの葉っぱが入っていて、確かにおいしかった。

新村小学校はオレンジ色と黄色で校舎に色が塗られていて、小学校というよりも児童館のような、かわいらしい建物だった。アポイントも取らず、タクシーを停めて正門から中に入った。職員室に入って韓国語で挨拶したら、職員室中の人がこちらを見た。

いまになって思えばただの不審者でしかない。とりあえず名前や所属を話し、当時は名刺を持っていなかったので、大学の学生証を見せた。それから私がなんとかかんとか、「自分は日本からやってきた在日僑胞で、自分の家族の歴史を調べている。私の伯父がここの小学校に通っていたのだが、そのときの歴史がわかるものがあったら見せてほしい」と伝えた。プーさんも追加で何か説明してくれたようだが、ほとんどわからなかった。

するると、職員室の先生たちが「ああ、それなら教監先生にお願いしたらいいよ」と言って、教監先生なる人のいる部屋に案内してくれた。教監先生は真っ黒な髪をオールバックにして、真っ黒なスーツにメガネをかけた、背の高い男性だった。その人に同じように自分がここに来た目的を話すと、しばらく待っているように言い、ほどなくして学校史を持ってきてくれた。

それによれば、新村国民学校は一九四五年九月に開校、四六年春に改築。四九年一月に「共産暴徒の放火、校舎全焼」とあった。誠奎伯父さんの言っていた、小学校が燃えた、という話はこの記述と同じものを指しているだろう。「この話を伯父から聞きました」と言ったが、教監先生は何も言わなかった。そのページをコピーさせてもらって、廊下に出た。

廊下に掲示されていた、一九五〇年以後の卒業写真を眺めた。かなり前からの卒業生が、こうして写真に収められて廊下に並んでいることに驚いていたら、プーさんが「伯父さんが一九三八年生まれで、この小学校を卒業していないなら、この写真には写っていないんじゃありませんか」「伯父さんの同級生が写っているかもしれませんが」と言った。当然ながら、ほとんど学校に行かなかった俊子伯母さんが、そこに写っているはずはない。

小学校から出たあと、プーさんが「少しだけ村の中を回りましょうか」と言ってくれた。冬の新村では、ほとんど人を見かけなかった。海がすぐ近くにあるので、強い風に波の飛沫が飛ばされてきた。

たしか、この村のどこかに、祖母が買った家があったはずだった。

イルボンハルマン

私の祖母は数え六〇歳になったときに祖父と実質的に別れ、子どもたちを置いて一人で済州島に帰った。彼女は「イルボンハルマン」（日本のおばあさん）と呼ばれていたらしい。

本名は金永弘。一九一〇年六月、済州島朝天面臥屹里に、農家の次女として生まれた。

彼女の生まれた村は海と漢拏山の間にあり、済州島では中山間地域と呼ばれる地域にある。農家と言っても、米や野菜をつくって売る農家ではなく、おそらく済州島の大多数の人々と同じ、自作農だっただろう。

一九二二年、大阪と済州島を結ぶ直行航路が開設される。済州島で「君代丸（クンデファン）」と呼ばれた、尼崎汽船部運行の「君が代丸」だ（ただし、一九二二年以前から不定期に君が代丸が大阪と済州島とを結んでいた可能性は否定できない[1]）。

元から海女として朝鮮半島や日本の各地に出稼ぎに行っていた済州島民にとって、君代丸の就航は出稼ぎをより身近な、手の届きやすいものにした。

一九二二年時点で済州島－大阪間の利用者数は三五〇二人だったのに対し、三三年には二万九二〇八人に増加している[2]。もちろん、出稼ぎ先のすべてが日本だったわけではない。しかし、済州島庁の発表によれば一九三九年の時点で島内人口二〇万二〇〇〇名余[3]に対し出稼ぎ者は四万人以上、「平均一戸一人以上[4]」が日本へ出稼ぎしていた。

一九二七年、一七歳のとき、ハルモニは朝天面新村里の朴熙方（パクヒバン）と結婚する。その翌年に長男（朴済奎（チェギュ））、二年後に次男（朴仁奎（インギュ））、五年後に長女（朴蘭姫（ランヒ））が生まれた。次女の貞姫（チョンヒ）伯母さんが生まれたのが一九三五年、三男の誠奎伯父さんが生まれたのは一九三八年。戸籍に記載された子どもたちの出生地によれば、一家は誠奎伯父さんの誕生した三八年一月までは済州島にいたことがわかる。

しかし、一九四〇年に生まれた三女の英姫（ヨンヒ）伯母さんの出生地は、神戸市葺合（ふきあい）区だ。

一家は三八年から四〇年のどこかの時点で済州島から日本に移ってきたと考えられる。済州島からの出稼ぎ者が最も多かったのが一九三二年（二万九二〇八人）であり、その前後二年間は日本在住の済州島民数が最も多い時期にあたる。

つまり、私の祖父母一家は、済州島からの渡日の最盛期と、いわゆる強制連行が始まる間の時期に、まず神戸へ、そして大阪へと移ったということになる。

祖母はそれから一九四五年に済州島に戻り、四九年にはもう一度大阪へ渡った。それから二〇年、祖母は祖父と一〇人の子供たちを育て、私の父が高校に上がる一九六九年の春に済州島へ戻った。

そのときのエピソードを、以前、伯母さんの一人から聞いたことがある。伯母さんは、祖母が済州に戻る前の日に呼び出され、スカートの内側にポケットを縫うのを手伝わされたらしい。なるべくたくさん現金を持って帰るためだったそうだ。

そんなみみっちい方法で持っていかなくても、と思うけれども、読み書きが一切できなかったハルモニにとっては、そういう方法しかなかったのかもしれない。

故郷の夢

一九六〇年代の韓国は、漢江（ハンガン）の奇跡と呼ばれた高度経済成長期に当たる。六二年から始まった第一次経済開発五カ年計画下では経済成長率七・八パーセント、六七年から七一年の第二次五カ年計画では九・七パーセントをそれぞれ記録し、繊維・家電・鉄鋼・造船・自動車といった輸出向け産業が大規模に発展していった。

済州島もまた、急速に開発されつつあった。一九六三年に済州島はすでに国内の特定地域に指定され、観光開発と港・国際自由都市の開発に力が入れられることが決まっていた。六四年には朴正熙（パクチョンヒ）が来島し官主導の開発計画が本格的に始まる。漢拏山を縦断する南北横断道路の舗装延長工事（六七年竣工）、島を横断する一周道路の舗装をはじめ、中山間地域、島の西部と東部をそれぞれ縦断する産業道路が次々と造られていった。

さらにダム工事や上下水道の整備も進められた。一九七一年にこれらの工事はだいたい完了するが、このときには一日に生活用水一万トン、農業用水三〇〇〇トンが供給されるようになっていた。六〇年には九・二パーセントだった電化率は、七二年に五〇パーセントを超え、八四年に一〇〇パーセントに達する。

ハルモニが済州島に戻ったのは、そういう巨大な変化の真っ最中だった。

父から断片的に聞いた話によれば、ハルモニの家は母屋と小屋が二軒。母屋に住み、小屋の一つを人に貸して家賃を取った。居間と台所のある平屋で、トイレは外にあって、そこで豚を飼った。窓の外には庭が見えた。

朝起きると、まず海に行って海水に浸かったらしい。すぐ汗疹(あせも)ができる人だったらしく、それには海水がいい、と父に話していたそうだ。昼前には家に帰って簡単に家事を済ませ、家の前の畑で農作業をする。夕方になれば、仕事を終えた村人たちが彼女の家を訪れて、世間話をし、時には皆で歌って踊った。

自分の家が集会所のようになっていることを、父に自慢していたらしい。父が祖母の家を訪ねたときには、自分の息子が大学に行っていることを自慢するために、父を連れて村中を歩いたそうだ。

彼女は、年を取ってから生まれた末っ子の父を、たいそう可愛がっていた。お前だけ見合いをさせていないのが悔やまれる、と言いながら済州島に戻り、大阪に戻ってくるたびに父に見合い話を持ってきた。父が閉口して、実は付き合っている女性がいる、でも日本人だ、と言って母に会わせるまで、お見合い話は続いた。

母に会ったとき、ハルモニは母の顔が済州島の女の顔だと言って、母がなんども自分は日本人だと言っても「嘘をつく必要はない」「お前は済州島の顔だ」と聞かなかったそうだ。

母は大学時代、生野(いくの)区の在日一世の家に住み込み、君代丸(クンデファアン)に乗って大阪へやってきた済州島の人々について卒業論文を書いた。母は金石範の『鴉の死』を読んで四・三事件について知っていたが、四・三事件について話すことを父から口止めされた。「その話をしたら、オモニは頭がおかしくなってしまうから、絶対にその話をしてはいけない」と言われたそうだ。

ハルモニは半年に一度は大阪に戻ってきていた。そのときは自分の子どもたちの家に泊まり、そこで要らなくなった服や雑貨を譲り受け、村に持って帰って売るなり、ただで配るなりした。子どもたちやその妻・夫たちとはほとんど会う度に口喧嘩になり、その都度家を移った。病院にも行って、持病の不整脈の薬をもらうのが目的だった。

いまの生活は楽しい、と父には言っていたらしいが、同時に「済州は変わってしまった」「みな、金儲けしか頭にない」とこぼしてもいたらしい。もしかすると、ハルモニの一〇年にわたる済州での生活は、それ以前の二〇年間に日本で培い、また彼女を支えてきた「故郷」の夢が、ゆっくりと醒めていく一〇年だったのかもしれない。もしかすると、彼女は自分の描いていた「故郷」が、すでに夢であると知りながら帰ったのかもしれない。

ハルモニは一九七九年の冬に、家でいつものように近所の人たちと歌ったり踊ったりしている最中に胸が痛いと言って倒れて、そのまま亡くなった。おそらく、持病の不整脈を悪化させて、心臓に何かが起こって亡くなったのだと思う。

彼女が死んだとき、彼女の家からいくつも人形が出てきたらしい。黄色やピンク色のチマチョゴリを着て、ブランコを漕いだり太鼓を叩いたりする、華やかな女性の人形が。色とりどりのリボンやボタンも出てきたらしい。

彼女は太鼓は叩けなかったし、彼女にブランコで遊んだ時代があったのかどうか、私にはわからない。人形やリボンやボタンはきっと、彼女の夢のようなものだったのだろうと思う。頑健で、屈強で、口がたち、頭が切れて抜け目のない、お金が大好きだった彼女の。

遺体は子どもたちの手で運ばれ、村を一周したあと、彼女が生前に買っておいた墓に埋葬された。彼女の生まれ育った村に近い、いまは誰もいない山の中のお墓だった。松の木が一本生え、その傍からは青い海が見えた。もしかするとハルモニは時にそこを訪れ、海を眺めていたのかもしれない。

出会ったとき、母とハルモニはたくさんの約束をした。春になったら済州に遊びにおいで、お前のために豚を潰してご馳走してやろう、海に連れて行ってやろう、歌を歌おう。その約束は結局どれも果たされなかった。

彼女が嫌っていたハラボジ（祖父）も、六年後にその隣に葬られた。なお、ハラボジをどこに埋葬するかをめぐって、ハラボジの通夜の席で伯父さんたちが殴り合いの喧嘩をしたことについてはすでに書いた。

ハラボジのこと

ハラボジは、どんな人だったのだろうか。

父からは、いつも家の金を持って博打に行き、その金をすって、やけになって酒を飲んで、帰宅して自分の妻や子どもを殴っていたという話ばかり聞いた。貞姫伯母さんからは実はサッカーが上手かったこと、済州に住んでいたときは朝になると漁から戻ってきたことを聞いた。別の伯母さんからは、「いつも帽子をかぶって、おしゃれさんやった」と聞いた。

そのときにこういうエピソードも聞いた。

伯母さんが最初のお子さんを妊娠していたとき、伯父さんはまったく家にいなかった。伯母さんは臨月になっていたけれども、病院に行くお金もなかった。そんな伯母さんのところに、ある日の午後、いつも通り帽子をかぶって、突然ハラボジが現れた。彼は「おい、この金でタクシー乗って病院行って、子ども産んでこい」と言って、おばさんの目の前に五万円を置いた。伯母さんはそのお金を持って、タクシーで病院に行って、その日に入院して無事に出産した。「せやから、誰が何言うても、私はあんたのおじいさんの味方」と、伯母さんはニコニコして言っていた。

ハラボジだけでなく、私の伯父さんたちには、そういうところがある。親族の中で少し距離のあるメンバーを贔屓（ひいき）にするところが。誰か一人の前でくらい、瞬間的に善人でいたかったのかもしれないと思っている。

誰かをきちんと愛するのは難しい。愛は感情の発露というよりも、行動の基準に近いからだ。誰かを贔屓にするのは、感情だけ、その場の思いつきで構わない。理性もルールもいらない。それで一生、こうやって覚えていてもらえる。

ハラボジは最後は「済州で死にたい」「死んで焼かれたら地獄に落ちる」と言いながら、灰になるまで戻れなかった。

プーさんの話

新村里（シンチョンリ）から済州四・三平和公園に行くまでの道すがら、プーさんは、少し自分の話をしてくれた。

済州特別自治道済州市朝天邑北村里（プクチョンリ）の出身であること、子どもの頃、毎年たくさんの人の祭祀（チェサ）を一度にしたこと、自分の家族・親族の祭祀ではなかったこと、誰の祭祀なのか、村の誰も教えてくれなかったこと。

北村里の虐殺は、いまではもうよく知られた事件になっている。一九四九年一月一七日、第二連隊三大隊長であるチョン・某大尉の指示により、「共匪（きょうひ）と内通した」という疑いで住民四〇〇名あまりが虐殺され、村の三〇〇〇以上の家屋が焼かれた事件だ。たくさんの人の祭祀を一度にした、というのは、このときに殺された人々の霊を祀るためだった。しかし、その祭祀自体、長い間こっそりと行わなければならなかった。

プーさんは二五歳で兵役を終えたあと、そのまま釜山（プサン）で働こうと思っていた。体も強いし軍隊で英語も勉強したから、きっと何か仕事ができるだろうと思っていた。しかし、就職の面接で、お前個人が「パルゲンイ（アカ）」であるかどうかは知らない、しかし済州島出身者はパルゲンイだ、と言われて断られた。それで済州島に戻り、ミカン農家をしながらタクシーの運転手をしている。

というわけで今日と明日はあなたのためにタクシーを運転するが、明後日はミカンの世話をしなければいけないからタクシーには乗らない、というオチだった。

プーさんは、済民日報という新聞社が『四・三は語る』という本を出している、とにかくそれを買って帰りなさい、済州市内の本屋さんならどこでも買えるし、インターネットでも注文できる、と強く勧めてくれた。日本でもその本が出版されていることと、私がその本を読んでから来たことを伝えると、とても驚いていた。

本当は四・三事件のことを調べるために済州島に来たわけではなくて「四・三事件がきっかけで、日本に移住した親戚たちが、済州島にいたときに住んでいた場所を知りたくて来た」と説明したような気がするのだけれども、まあ似たようなものだ、と思われたのだろうか。それとも、四・三事件に触れずして、プーさんのことも私の親族たちのことも話せない、とプーさんが判断したのだろうか。その辺りのことはわからない。

四・三平和公園は漢拏山（ハルラサン）と海岸との間の山の中にある。新村里では雪は降っていなかったが、平和公園に行くまでの間に次第にみぞれが降りだし、公園に近づいた頃にはすっかり雪になっていた。公園の中を歩くわけにもいかず、公園の中にある博物館も、私とプーさんの二人しかいなかった。

この博物館が怖かった。そもそも四・三事件の内容を展示して、明るく楽しい博物館になるはずがない。もし何か聞こえるとしたら、殺される恐怖の声や怒りの声、「悪いことしてないのになんで殺されるんや」という怨嗟の声に違いない。角を曲がると、犠牲者の骨が埋もれていた姿そのままに展示されている。館内は物音ひとつしなかった。プーさんは自分の興味の向くままにどんどん行ってしまう。一人で取り残されるのが嫌でプーさんを追いかけてしまい、あまり展示をじっくり見られなかった。

博物館を出て済州市内に戻るときは、来た道が見えないくらい雪が積もっていた。「プーさん、これ大丈夫でしょうか」と聞いたら「木にぶつからなければ大丈夫です」と返ってきて「そりゃそうでしょうねえ」と言うしかなかった。とはいえ、そこはプーさんの腕前を信頼し、何も怖い思いをせずに山から下りてくることができた。

すっかり日が暮れてから、済州市内にある四・三研究所に行った。ここは、一九八九年の開設以来、四・三事件の真相究明と名誉回復運動の中心になった場所で、証言の収集・遺骨や遺構の発掘・公文書調査を行ってきた。

二〇〇三年には盧武鉉（ノムヒョン）政権下で、四・三事件に関する政府レベルの報告書の発行に関わっている。ここに行けば、四・三事件に関係する「密航」について、何かわかるのではないかと思っていた。

済州島の人口がわかるような資料があればと思ったのだが、国勢調査は四・三事件の前後で行われておらず、そのような資料はない、と言われてしまった。[6]四・三事件に関連した「密航」について書いた博士論文がいくつか出ていること、済州大学校の図書館に行けば読めることを教えてもらった。

その日は、研究所を出てからプーさんと別れた。一人で市場の中にある食堂で夕食を食べた。店の閉まる直前に入って食べようとしたら、その店の主人らしきおばさんから「なぜ一人で食事をしているのか」「友達がいないのか」「かわいそう」「おばさんが一緒にご飯を食べてあげよう」と反論する間もなくたたみかけられ、結局おばさんと向かい合っておでんとご飯とキムチを食べた。

折り重なる暴力

次の日も朝からプーさんが来てくれた。天気は回復していた。

車で今度は西方向に一時間少し走って、翰林（ハルリム）小学校に向かった。もちろん、このときもアポイントは取っていなかった。同じようにいきなり職員室に入り、先生方がこちらを振り返る中、「実は！　私は日本から来まして！」「伯父がここで働いていたらしいんですが、それを調べていまして！」と自己紹介する羽目になった。

ほどなく、同じように「教監先生」と呼ばれる男性が、昔の教員名簿を持ってきてくれた。その教監先生の説明によれば、翰林小学校が開校したのは一九四五年、教職員名簿は四六年と四七年につくられている。

延奎（ヨンギュ）伯父さんの名前は、四七年四月の名簿に載っている。「李延奎、講師、本籍地翰林面帰徳里（キドクリ）、二二歳、松汀（ソンジョン）工業学校卒」

二二歳ということは、日本式の年齢の数え方だと二一歳だ。四七年三月一日にデモが起こって三月一〇日からストライキ、趙炳玉（チョウビョンオク）がやってきたのが三月一四日、逮捕者が二〇〇人に達したのが一八日、五〇〇人に達したのが四月一〇日で、そのあと逮捕者は減っていく。

この教員名簿をつくった時点で、伯父さんはもしかするとすでに逮捕されていたかもしれない。そのページをコピーさせてもらって、翰林小学校をあとにした。ついでに私の学生証もコピーされてしまったが、名刺を持ってきていなかったので仕方ない。京都大学の学生であることがわかると、教監先生が、自分の姪が神戸大学で勉強していることを教えてくれた。近所といえば近所である。

そこから松岳山（ソンアクサン）海岸に行った。ここの海岸には「大長今」こと「宮廷女官チャングムの誓い」の看板が立っていた。このドラマの主人公は、途中で済州島に配流される。そのときにここの洞窟がロケ地の一つになった。

規則正しく並んだ洞窟は、もちろん自然にできたものではない。太平洋戦争中、日本軍が特攻隊「回天」の出撃地として掘ったものだ。済州島のあちこちに日本軍の遺跡がある。そのうちの一つとして、そして四・三事件に関わる場所の一つとして、見ておきたかった。

一九四五年二月に発令された「決七号作戦」によって、済州島には多数の日本軍が集められた。決号作戦とは、米軍との本土決戦に備えた陸・海・空軍の決戦作戦を指す。日本軍は米軍の本土進出ルートを七つの地域で予測し、地域ごとにそれに応じた作戦を立てた。済州島はその七つ目だったということになる。

一九四五年八月までに済州島に駐屯していた日本軍の数はおよそ八万四〇〇〇人。日本軍は航空基地、地下壕、海上特攻基地などの軍事施設を、島の南西部を中心に建設していった。

現在確認されているだけでも島内八〇以上の地域で、七〇〇以上の洞窟や地下壕が確認されている。[7] 日本軍のうちおよそ二万人が朝鮮人兵士として動員されており、半分程度は兵士というよりも、洞窟や壕の建設に従事させられた肉体労働者だったと考えられている。

日本軍は、米軍が上陸すれば海岸線を放棄して、島の南西部で住民を巻き添えにした持久戦に持ち込む計画を立てていた。[8] 米軍は日本本土への上陸時期を一一月一日に予定していた。その作戦通りに戦争が続いていたならば、済州島でも沖縄と同じ状況が生まれただろう。済州島が「本土決戦」の舞台にならなかったのは偶然に過ぎなかった。

適当に近くにあった洞窟に入ってみたところ、「○○と△△の愛は永遠！」という落書きを見かけた。そこからプーさんに案内されて、洞窟のちょうど上のほうにある、崖の上まで登った。

そのときに気づいたけれども、プーさんのうしろ姿は私の父や伯父さんたちにそっくりだった。厚い肩も突き出したお尻も、肉付きがよくて張りのある黒光りする首も。外に出たら晴れていた。風が吹いて寒かったが、夕方になっていた。岬の先まで行くと、碑文と説明パネルが立っていた。この岬自体が「ソアルオルム」という寄生火山だ。この岬の洞窟では、一九五〇年、朝鮮戦争が始まったときに、予備検束されていた二一八名の島民が虐殺された。そのことが明らかにされたのは二〇〇七年一一月だった。

記憶の場

パネルを読んでいたら、あっちを見なさい、とプーさんが指さした。その方角を見て、思わず、おお、と声が漏れた。

漢拏山(ハルラサン)の上三分の一には雲がかかっていたけれども、いつの間にか晴れ渡って、海と山と島の風景が広がっている。島じゅうにぽこぽこと小さな山が生えている。空は青く、少しだけピンク色に染まっている。海も真っ青で、海岸沿いの岩に波が砕けて白く光っていた。

　そのときプーさんが言った台詞を、私は決して忘れないだろう。プーさんは感動している私を見て、少しだけ微笑んで、自慢げにこう言った。

「美しい済州（アルムダウン・チェジュ）ね」

　プーさんが延奎（ヨンギュ）伯父さんの言ったことを知っているはずはない。知っていて同じ言葉を使ったのなら皮肉がききすぎている。それでも、あのときにあの海岸から見た緑と青とピンクと白の風景は、「美しい済州」としか言いようがなかった。

　やからいま、「美しい済州（アルムダウン・チェジュ）」「美しい済州（アルムダウン・チェジュ）」て言うのは、そういう歴史があるからやと思うわ。みんないなくなってしもうて、私はぼんくらやから良かったけど、少しでも理屈言うやつ、物しゃべるやつはみんな狙われてしもうて逃げてしもうて。やから、ああいうのをみな一掃してしもうて「美しい済州（アルムダウン・チェジュ）」言うようになったと思うわ。

（二〇〇七年一一月二九日）

春になれば、きっと菜の花が咲いてそこに黄色が加わるだろう。もうすぐ春がやってくるのだろうか。

私の両親は一九七九年に結婚式を挙げた。結婚式では、伯父たちが本来なら妻方親族が行うはずの「婿いじめ」を代行して、父の足の裏を叩きまくったらしい。新婚旅行先は済州島だった。韓国はまだ民主化されていなかった。光州事件の一年前のことだ。

旅行中、母は済州島の女性、父はソウル出身の会社員と勘違いされて、タクシー運転手から「お兄ちゃん、その子、一晩いくらなの?」と質問され、父は知っているかぎりの済州言葉と大阪弁で怒鳴り散らしたらしい。

母がそのときに撮った写真には、日本に渡らなかった親族が写っている。蘭姫伯母さんの一家だ。伯母さんは一人だけ早くに結婚し、俊子伯母さんを預かり、子どもを育て、五九歳のときに済州島で亡くなった。勉強がしたくてたまらなかったのに、ハルモニに勉強を禁止されて、それでもこっそり勉強していた、あの人だ。貞姫伯母さんが喫茶店を経営していたときには、一時的に働きに来ていた。

いま、済州島にある親族の墓は、すべて彼女の息子（つまり私の従兄）が管理している。彼女たちがいなければ、私と済州島との繋がりは、完全になくなってしまっていたかもしれない。

もし私たちと済州島との繋がりが切れたら、どうなるのだろう。誠奎伯父さんが亡くなってから、私は向こうの従兄たちに会っていない。いわゆる根無し草のようなものになるのだろうか。

根無し草といえば、金城一紀の『GO』（講談社文庫、二〇〇三年）という小説の中に、在日コリアンの主人公がこう喋る場面がある。「俺は朝鮮人でも、日本人でもない、ただの根無し草だ」

私が自分を根無し草だと言うなら、それはきっと私が話を聞いてきた人たちに失礼に当たるだろう。だってあの人たちは、日本に根付こうとして、七〇年間も七転八倒してきたのだから。あの人たち（とその世代）がそれを成してくれたおかげで、私はこんなに守られて育って、こんなふうに済州島にやってくることができたのだから。

済州国際空港から出発する日、空港で地元の中学生たちがアンケートを取っていた。済州島にやってきた目的と、いつからいつまで滞在したのか、済州島をどんなところだと思うか、というような項目に答えた。確か目的のところに「観光」と書くか「親族訪問」と書くか迷って、両方に丸をつけたように記憶している。

どんなところだと思うかと質問されたので、「親切な人が多くて、とても美しい島だ」と答えた。

嫌味ではない。でもこの空港は日本軍が済州島民を強制的に働かせてつくった。この空港の滑走路からは、四・三事件の犠牲者の骨がたくさん発掘された。まだ残っているかもしれない。飛行機はその骨を踏み潰しながら離陸したり、着陸したりする。

記憶の場を訪ねるような旅だった。それ以外のやり方で、私はこの島に来ることはできないだろう。多分ずっと。

おわりに

結局、私は誰のために、何のために「家（チベ）の歴史」を書こうと思ったのだろうか。私は最初、私の親族の話す言葉をそのまま書けば、何か面白いものができるはずだと思っていた。この題材と私の属性だけで、内容の如何を問わず、ある種の人々から褒められ、攻撃されないだろうと高を括っていた。

けれども、それではどうやら卒業論文すら満足に書けないとわかったあと、今度は「済州四・三事件の証言」を集めることにすればよいのではないか、と思った。

ところが、例えば貞姫（チョンヒ）伯母さんのように、「四・三事件」なるものの記憶がない場合、私はそれをどう理解すればいいかわからなかった。あるいは、俊子（としこ）伯母さんのように、「怖かったこと」とは歴史的な事件ではなく、具体的な家族の中の暴力だったと語られたとき、私はそれをどう書けばいいかわからなかった。

では、例えば「四・三事件の記憶がない」ということは誰にとって、いかなる場合に問題になるのだろうか。もちろん、四・三事件の証言を集めたい人にとっては問題だが、それ以外の状況においては特に問題にならない。「大村収容所が楽しかった」ということは、大村収容所を肯定的に評価したい人にとっては歓迎すべき言説に違いない。そう、その発言だけを取り出して、それ以外の文脈を考慮せず、それをもって「実証的だ」と言いたい人々にとっては。

こういった、「語られたことをどう理解したらいいかわからない」という問題は、個人が過去を回想して語ったことと過去の事実を書くこととの関係から生まれている。その中の一つに、過去を語るときの形式の問題がある。体験は記憶の中で溶け合って想起される。私が最初に貞姫伯母さんの話を聞いたとき、少し面食らってしまったのは、そのせいもある。誰かの過去の話を聞いて、「わけがわからない」と感じたり、聞き取った言葉をそのまま文字に起こして引用するだけで何かの文章を書いたりすることが難しい理由の一端は、ここにあるかもしれない。

もし、聞いた言葉をそのまま使えないのだとすれば、書き手はそれを編集してしまっていいのだろうか。いいとすれば、どの程度までならいいのだろうか。ただの書き起こしのように思える文章だって、実はかなり編集されているかもしれない。

語られた言葉をどう編集すればいいかという問題は、歴史を叙述するときに極めて重要な問題にもなりうる。旧日本軍「慰安婦」制度被害者の語りをどうやって編集するのか。そこに間違いなく存在していたはずの聞き手を、報告資料の中でどう位置づければいいのか。山下英愛が「韓国の「慰安婦」証言聞き取り作業の歴史――記憶と再現をめぐる取り組み」[1]で記述したように、それは学問的にも、時には政治的にも、深刻な問いになる。

過去を回想して語ることと書くこととの関係から生まれるもう一つの問題は、記憶は保存されるものというよりも想起されるものであることだ。つまり、過去が回想して語られるときには、その回想を聞く人や記録する人が、その場に必ず存在している。だから、聞き手（書き手）はどうしても、回想のされ方に影響を及ぼす。

過去は想起されるものであること、過去の事実が存在すること、過去の事実を事実として記述可能であるということはすべて同時に成立する。あらゆる資料は、発見されたり読み直されたりしなければ、それについて書かれることはない。

仮に、記憶は想起されるものであること、つまりそこには必ず回想する人以外の誰かが介在すること、にもかかわらず過去の事実が存在すること、過去の事実を――完壁ではもちろんないにしても――事実として書くことが可能であること、これらはすべて本当は間違っているのだと述べる研究者がいたとしても、その人はその言説を裏切るような日常生活を送っているはずだ（「昨日ここにあったはずの印鑑、見なかった？」「え？　あなたカバンに入れてなかったっけ？」というようなやりとりをしたことのない人などいるだろうか）。

「空白」という問題もある。この「空白」にはいくつか種類がある。まず、過去の記憶は常に一面的であり、どうしても「語られないこと」が発生するという意味の空白がある。過去の記憶は一面的だから、筋のある物語として語ることができる。

記憶だけではない。現実にある何かを記述する場合、どうしてもその記述は一面的で、情報の「漏れ」がある。私たちは毎日、情報に圧倒されながら生きている。その中で何かを「わけのわかる」ように理解するために、情報を取捨選択する。そうすると、どうしてもそれは、そのときにその場にあったことのすべてをまんべんなく語ったものにはならない。だから、異なる立場の複数の人や、複数の種類の資料を集めなければならない。

そのほかのことがわかってきて初めて、データに空白があることがわかるような意味での「空白」もある。例えば西川祐子が『古都の占領――生活史からみる京都　1945―1952』（平凡社、二〇一七年）で書いたような「空白」は、同時代の膨大な資料を読む中で、あってもおかしくないはずなのに存在しないものがあると気づくことで、「空白」として認識されたものだと言える。

四・三事件ひとつとっても、語られないままになっていることがたくさんあるだろう。「四・三事件」の記憶として語られないものだけではなく、「そのようなものとしては語られない」記憶もあるはずだ。だから語られていないし知られていない「四・三事件」や「密航」は、まだまだたくさんあるだろう。

その人は間違いなくその時その場にいて、その状況を体験したはずであるにもかかわらず、そのような事件として理解されていないような、そういう記憶をたまたま聞き取ってしまったとき、どうすればいいだろうか。

私が試みたのは、「そういう事件」になっていない理由を検討し、では何として理解されているか考えてみることだった。伯母さんたちや、私がいままで出会ってきた、在日一世の女性たちがしばしば口にするあのフレーズ――「言葉では話せへん」――を、私はどう理解すればいいか、と。

彼女たちの過去は「語りえないもの」ではない。

貞姫伯母さんや俊子伯母さんがそうであるように、彼女たちはしばしば、雄弁に自分たちの過去を語る。セミリンガル／ダブルリミテッドの状況に置かれていたり、個人的な体験を「在日朝鮮人」なり「一世」なり「女性」なりといった集合的概念に関連づけて語らなかったりするにもかかわらず。彼女たちはその歴史を生きている。その言葉を何かに関連づけて分析し、検討するのは、もしかしたら彼女たち以外の人間の仕事かもしれない。

私は、自分の親族について、彼らの断片的な話を歴史の中に位置付け、彼らの「わけわからん」「話せへん」ことを歴史にしたいと思ってきた。私には彼らの記憶を継承することはできないからだ。

誰の、何のための歴史なのかと考えたとき、最初の動機はもちろん個人的なものだった。私は、自分がなぜ日本にいるのかを知りたかった。なぜこういう名前でこういう体験をし続けなければならないのかを知りたかった。でもそれだけでない意義があるはずだという確信があった。そうでなければ続けられない。

では、それだけでない意義とは何だろうか。例えば「四・三事件」の、「密航」の、外国人登録の、具体的な記述を手に入れられることだった。

そしてそれ以上に、私は単に面白かった。済州島での生活や「密航」のやり方とその後の顛末、彼らがたどってきた人生の軌跡は、そのような彼らを愛し、疎ましく思った父と、その父にそこそこ合わせていた母に守られてのほほんと育った私にとって、「こんなことがあったのか！」という単純な驚きに満ちていた。

私が彼らとはもはや同じ世界に住んでいないから「面白い」と感じられるのだろう。いつだったかの祭祀（チェサ）の席で、従兄の配偶者の女性が、私の母に「韓国人がみんな、こうだと思わないでくださいね」と、かなり心配そうに話していたことを思い出す。

兄弟姉妹の中で唯一、溺愛されたが故に大学まで行き、必然的に自分の兄姉たちとは違う職業に就いた父親を持ったことで、私は親族と距離をとって大きくなった。だから私は彼らを「面白い」と感じ、そしてきっと、日本人の中にも彼らを同じように「面白い」と思う人々がいるだろうと思った。

そして、彼らの歴史を書くということは、彼らが生き続けないこと、彼らの世界が終わることと表裏一体だった。

「家（チベ）の歴史を書きます」と言ったとき、私の意識にそんなことは上らなかった。ただ、そう言ったときには、伯父さんたちの半分がすでに他界し、誠奎伯父さんが肺癌であることがわかっていた。誠奎伯父さんは、私の言葉を聞いてどう思っただろうか。

私は「家（チベ）の歴史」を書こうと思った。彼らの存在を歴史として残したいと思った。それは、遠くない将来に彼らが皆死に、彼らが私に見せてくれた世界が、生きている世界としてはもはやアクセスできなくなるからだった。

彼らの語ってきたことは、日本人にとっての「空白」かもしれない。けれども、私にとってはそれこそが過去であって、ほかの人から見たら空白であるなどとは想像がつかなかったようなものだ。おそらく私が知らないたくさんの空白が、歴史の中にあるのだろう。

敗戦から今日までの時期に限定しても、例えば、引揚者や障害者、被差別部落出身者が生きてきた戦後の世界やいまの世界は、私にとって空白である。でも、その世界に生きている人々にとっては、自分たちの世界ともう一つの（マジョリティの）世界の二つがある。

その空白を埋めるのなら、「面白い」と言われるし、意義があると思われるだろう。自分たちとはまったく違う世界、そもそも存在すると思われていない世界があり、そこに生きた人々がいて、その人たちは何を体験し、何を選択してきたのか。

存在すると思われていない世界の人々は、しかしごく当たり前に生きていて、彼らの過去と現在を生きている。記憶の中で、過去の様々な経験は一つに溶け合っていて、彼らはその経験と共に生きている。

彼らの生きている世界は日本人の築いてきた戦後社会の規範や知識を共有している（そうでなければ、彼らの世界を理解することも記述することも不可能だろう）。と同時に、彼らの世界にしかない知識や規範がある（から、読み手が「面白い」と思える）。

誰のために、何のために、私は「家（チベ）の歴史」を書こうと思ったのだろうか。最初はもちろん、私のためだった。私はなぜここにいて、こんな思いをしなければならないのかを知りたかった。けれども、もしかしたら「空白」を埋める一助になるのではないか、とも思っている。

記憶によって書くことが可能になる歴史がある、と私は信じている。調査の場で語られることと語られないこと、過去の理解のされ方とその様々な思い出され方、「裏」が存在する話や存在しない話、「口では言われへん」ことや「言われへん」ことそれ自体――そういった事柄を通じて書ける過去があり、それは歴史学的であると同時に社会学的であると思っている。

そういった様々な記述は、きっといろんな空白を埋めるだろう。あるいは、存在しないと思われていた空白があることを指し示すだろう。

しかし、歴史を書くことも、空白を埋めることも、空白を指し示すことも、伯父さんや伯母さんたちのため、ではない。

だって彼らはきっと、私がもしこの本を「書きました」と言って持って行ったら「読まれへん」「わけわからへん」「こんなもん、俺が読むと思とんのか」などと言いながら、本の角で頭をしばきにくるか、あるいは「ほんでこれ売れたらなんぼになるんや」とお金の話をしはじめるだろうから。

*

この本は伯父さんたち、伯母さんたちがいなければ書けなかった。あなた方が私を、ここまで連れてきてくれました。あなた方がいて、話してくれたから、私はいまのように生きていくことができるようになりました。どう伝えればいいかわからないし、何を言ったところで「何わけわからんこと言うてんねん」と言われそうだけれども、ありがとうございます。

授業の課題を出してくださった、京都大学文学研究科の落合恵美子先生がいなければ、私はこのような本を書くこともなければ、社会学をやろうと思うこともなかっただろう。あのときに落合先生がおっしゃった「本になるまでやりなさい」という言葉が、本書の産婆役になった（なお、落合先生の最初のご研究は、産婆でいらした先生ご自身のお祖母様の生活史だったと記憶している）。

筑摩書房の柴山浩紀さんは、この本のもとになった連載を提案し、私の執筆を励ましてくださった。柴山さんなくして、この本が出版されることはなかった。この本を、このようなかたちで出せるとは思っていなかったけれども、いまやこれ以上のかたちで出せるとは思えない。

四・三事件七〇周年の晩夏に　　朴沙羅

文庫版あとがき

この本を書いてから、あっという間に四年経ってしまいました。

本書でインタビューした人々は一名をのぞいて他界し、あの祭祀(チェサ)ももう、かつての形では行われていません。私の子どもたちは済州や四・三という言葉を何ひとつ聞くことなく、あの人たちの大声も、祭壇も、美味しいご飯も、それを用意するのが女だけであることのおかしさも、体験せずに育ちます。

四・三事件は、済州でその単語を口にすると生きていけなくなるようなものではなくなりました。民族差別はヘイトスピーチやヘイトクライムという新たな概念によって記述されるようになりました。

今にして思うと、私がこの本を書き始めたのは遅すぎました。

もっと早く生まれて、もっと早く、もっとたくさんの人から聞いておきたかった。

私にはその機会があったはずなのに、それを怠惰のために、今も昔も逃し続けているように思えてなりません。

私がこの本を書こうと思った理由のひとつは、私にとっては当たり前の慣れ親しんだ事柄は、多くの、良心的な日本人やそれ以外の人々にとって（例えばブラジル人やフィンランド人にとって）驚くべきことだと知ったからでした。

自分たちの地域や属性を同じくする集団の歴史は、特定のネットワークを知っている人にとってはあまりに当たり前で、特定のネットワークを共有しない人々に知られていないことすら認識されていないかもしれません。

いないはずにされている人々は、私たちの隣にいます。私たちは、その人々の歴史を知らないことにすら気づいていません。

先日、私は自分が華青闘告発を書いた人々について何ひとつ知らないことに気がつきました。でも、あの文章を書いた人々について多くの人が何も知らないことや、知らないことに気がついた人すら、それほどたくさんいるとは思えません。華青闘告発を書いた人々について知らなくても生きていける人は、わざわざ調べようとしないでしょう。

私は在日コリアンの多くと同じ法的地位に置かれていた旧植民地出身者について何

も知らないどころか、自分が彼らについて何も知らないことすら知りませんでした。私は彼らのことを知らなくても生きていけるからです。

そんな知識のギャップはいたるところにあります。本書では西川祐子の『古都の占領』（平凡社）を引いて、そのギャップを「空白」と書きました。

マジョリティであるというのは、空白に気がつかないことや、気がつかないことを問題にされないことでもあります。あるいは、過去や現在の問題について、自分でない誰かが些細なことにこだわっているように見えることでもあります。何かを些細なことだと見なせるのは、それだけ自分が社会で有利な立場に置かれているからにほかならないのに。

知られていないことすら知られていない人々の体験を知ることは、しばしば社会をより良くするための手段にもなります。

二〇世紀末から二一世紀の初頭にかけて、戦争や独裁政権、人種差別の体験者が現れ、自分たちの体験を語ったことは、「慰安婦」問題に言及するまでもなく、世界中で起こったことでした。本書で一部だけ語られている済州四・三事件も、その真相糾明と補償の実施について、生存者たちの証言が大きな役割を果たしてきました。

しかし、変な言い方に聞こえるかもしれませんが、今の世界を良くするために人々は過去にひどい体験をしたわけではありません。

日本人のために在日コリアンの歴史があるわけではなく、苦しんでいる人々の過去と現在は、その人々を苦しめている集団のために存在するわけではありません。だから、彼らの体験は、それが例えば現在の日本社会における民族差別・人種差別の解消につながるとか、大韓民国における真相糾明運動を促進するとか、そういうことへの貢献以外にも、価値があるはずです。

歴史認識を改めたり、差別をなくすために努力したりするのは素晴らしいことだという意見もあるでしょう。実際、現在の日本や韓国において、差別を解消し歴史の真相を糾明することに高い価値があるのは言うまでもありません。

しかし、もしそれらの事業が、現状への異議申し立て以上の価値を持つ素晴らしいものであるなら、被差別者や被害者が声を上げるよりもっと早く、もっと多くの人が喜んでその事業に取り組んでいたでしょう。だから、その価値にかかわらず、差別の解消や歴史の真相糾明は、差別が横行し被害を受けた人々が救われないまま死んでいく現状を追認しないための活動です。

極端に言えば、そんな活動が必要ないほうが望ましいはずです。被害を語る人が一人も現れなくとも、問題は問題に違いないのですから。

だから私は、人々が過去に生きてきたその様子と、それが今、あるいは別のときに伝えられるということには、今の私たちが直面する今の社会と政治を打開する以外にも価値があると言いたいのです。

政治的な正しさに意義がないとはいいません。しかし、世界はそれだけではないはずです。

私は私に話をしてくれた人々の体験には、今の日本社会の政治状況が仮にあらゆる人々にとって理想的な状態であったとしても、聞き取られ、残され、読まれ続けるべき価値があると信じています。

なぜなら、価値のない人など存在しないからです。

なぜなら、人間は社会と歴史が生み出すものだからです。

人間が集団として歩んできた道に価値がないなら、私を含む名もなき人間たちに、他にどんな価値が生み出せるというのでしょうか。

そして、自分たちと異なる人間集団が過去に味わってきた苦難や悲惨や、それゆえに生まれた工夫を、理想化せず知的関心を持ってみることとは、その人々を自分たちとまったく異なる他者（なお私はこの言葉はなるべく使いたくありません）として、無関係なものとして眺め、「あんなおかしなやつらがいるぜ」と面白がることと同じであってはなりません。

関心はあくまで、自分以外のものに向くべきなのです。今のこのくだらない、問題だらけの、ドブの中のほうがずっとましのように見える社会にたしかに存在する、美しく輝く、自分以外のものたちに。

＊

私にとってこの本は、書かないといけなかったけれども、書けなかった本です。書かないといけなかったというのは、この本を書かなければ私は自分の望むように生きていけないと思っていたからで、書けなかったのは私が怠惰で傲慢だったからです。

私はこの人たちの体験こそが歴史だと言いたかったのです。

フィクションにしか書けない本当のことというものは、たしかにあるでしょう。でも私はそうではない方法で、誰が読んでも事実だと認めざるを得ないような方法で、あの人たちの歴史を書きたいと思いました。

あの人たちの生きてきためちゃくちゃな世界を、研究の世界に持ち込んで、そんな世界があるなんて思ったこともないような、あの賢くて上品な人たちにぶつけてやりたい。

でも、私がそんなことするためにあの人たちの歴史があるはずがありません。

本書に登場する人々は、彼らが生きなければならなかった特定の時期の特定の条件のもとで、自分にできる最善のことをして生きてきました。その結果を私は利用しています。そのこと自体で恥ずべきことではあるでしょうが、どうせ利用するなら、私だけのためではなく、私や特定の時代と状況から逃れられない特定の人間集団を超えるものとして、彼らの生きた世界を、一部でも残したいと思いました。

そして、私は私の能力と努力とにかかわらず、彼らを産んだ時代状況が、それを可能にするだろうと信じています。

柴山さんがお話を持ちかけてくださらなければ、ずっと何にもできないまま宙ぶらりんにしていたでしょう。一〇年越しの宿題をようやく提出できました。

これを書くために研究職になろうと思ったけど、これがあるから研究ができなかった。おそらく私がこれまで持ってきた相対的な利点にして弱点でもあったものを、ようやく手放すことができました。

この本を書いたことで、私はようやく普通の人が、日本にいる日本人の女性なら研究の、いや人生の初めから立てていただろうスタート地点に立つことができました。日本人男性のスタート地点は、女性たちよりはるかずっとずっとゴールに近いところにあるでしょう。

そして基地のない地方都市に住む大卒の両親のもとで育ち、健常者で異性愛者でシスジェンダーである私のスタート地点は、同じくかなりゴールに近い位置にあります。誰もこの不正義から逃れられません。だからここから解放されるために、みんなでちょっとでもできることを、死ぬまで毎日、やり続けなければいけないんだろうと思います。思い描くことしかできないかもしれない理想のために。

ヨーロッパの辺境で侵略の不正とナショナリズムの高揚を目の当たりにしながら

朴沙羅

解説　闇夜にイカが跳ねる本

斎藤真理子

行ってはない。私は、あのー、村の、まあ、いうたら、夜、イカ釣りに、夜イカを。
――イカ？

（本書一六二―一六三頁）

初めて読んだとき、ここで声を出して笑ってしまった。そのおかげで、「闇夜にイカがめっちゃ跳ねる魅力的な本」というイメージが定着されてしまい、本書を人に薦めるときには、「あのー、とにかく、イカのところを読んでほしい」と言いたいのを無理に抑えている。

『家（チベ）の歴史を書く』には、普通の聞き取りなら文字起こしの段階でカットされそうなところ、きれいに整えられてしまいそうなところが残されて、そこがどくどく脈打っている。

イカの話は、「親族の中心」である朴誠奎（パクソンギュ）さんが、一九四五年六月ごろに一家で済州島（チェジュド）に帰ってからの生活について語ったものだ。このとき誠奎さんは七歳ぐらい。村の人たちが沿岸でイカを釣っていた。誠奎さんもついていった。だが、まだ小さいし、釣り方も知らないから、自分では釣れず、誰かが釣ったイカをもらって帰ってきた、そしたらお母さんがとても喜んだ、という顛末だ。

実は、ここに至るまでのやりとりがすでに面白い。姪の朴沙羅さんが「釣り行かはったりしました?」「あ、釣りは行ってはらへん」と二度まで確認し、伯父の誠奎さんが「釣りには行ってない」「行ってはない」と二度まで応答した上で、この証言が出てくる。確かにイカ釣りの場にはいたが、自分が釣りをしに行ったといえるかというとやや違うのだという、全体から見れば誤差の範囲なのかもしれないが、そこはぜひ正確に、という話者の気持ちが伝わる。

この箇所は、初出時には「釣りには行ってない。私はあの村の（近くにある浜に）、夜、イカ釣りに（行った）」となっていた（『atプラス28』「特集　生活史」掲載の「生活史における「事実」のために」）。その方が事実関係はすっきりわかる。だが単行本にする際に、語られた当初の語順や表現に戻されたようだ。そしてこちらの方が、活力に満ちた誠奎伯父さんの口吻がずっとよく伝わる。

　私の印象では、これら誠奎さんの言葉たちはバッティングセンターのボールのようで、一語一語、リズミカルに、確実にくり出され、「まあ、」といった合いの手はたとえ不要に見えても、すべてがちゃんと必要な一球一球に見える。結果として「私」「村」「夜」「イカ」の四つの単語が燦然と浮き彫りになり、一九四五年の済州島での一コマが強く焼きつけられる。何より、すごく楽しい気持ちになってしまう。

　だが誠奎さんは間違いなく、済州島四・三事件のサバイバーだ。武装隊によって村の人が槍や銃で殺されるのを目撃したし、家族と生き別れになる寸前という経験もしている。密航してくるときには、船がひっくり返って流されたという強烈なエピソードもある。そのシリアスさと、イカの話の面白さをどう考えたらいいのか。

「どこまで伯父や伯母の話を聞けば「生活史を聞いた」ことになるのか」
「社会学は過去をどのように扱えるのか」
「聞いた言葉をそのまま使えないのだとすれば、書き手はそれを編集してしまっていいのだろうか」……

『家（チベ）の歴史を書く』の随所にはこうした、社会学者・朴沙羅の自問が埋め込まれており、その解を求めながら本書は進む。

「私は、あのー、村の、まあ、いうたら」といった、刈り込んでいない生の口吻を再現することは、いつ、誰がやっても効果的なわけではなく、伝えたい人と聞き取りたい人の呼吸のバランスがとれていないと、なかなか成立しないのではないかと思う。

これは完全に想像だが、「年に数回会うだけの、常に無愛想な姪」である沙羅さんを前にしたとき、誠奎さんには、できるだけ正確に、間違いなく伝わるよう話してやらなくちゃという心づもりがあったのではないだろうか。なにしろ、昔「賢そうなことばっかし言いおって、ほんまのところはなんもできんやつじゃ」と言って泣かせた姪がわざわざ話を聞きに来たのだから。そして正確に話そうとすればするほど、話は小刻みに具体的になり、その結果、第三者が文字で読んだときには、とっちらかって見える。誠奎さんだけでなく沙羅さんの言葉も「その、その、日本に来るよ、来るよいう日になったら、もう、人がこう。呼んできて」と、一見とっちらかっている。でも、とっちらかって見える一語一語を踏みしめるようにして読んでいくと、整った文章で読むより、ことの経緯が、どくどくと脈打ちながら伝わってくる。この部分の言葉の練り上げにはおそらく、著者の厳密な見きわめが働いているのだと思う。

それだけの工夫をする理由が本書にはある。何しろ誠奎さんたちの日本語には、元手がかかっている。さらに、聞き取る側にもそれだけの、古くさい言葉を使うなら、「心ばえ」がある。

もしかしたらそれは、タイトルの「家（チベ）」という言葉そのものに表れているのかもしれない。

朝鮮語で「家」は「チプ」であり、「チベ」は、そこに助詞がくっついて「家の」または「家に」という意味に変化した形だ。だから、言葉の正確さだけを見るなら「チベの歴史」というのはイレギュラーだ。けれども在日コリアンの人々には、朝鮮語と日本語を混ぜて使うシチュエーションがいくらでもあって、「チプ」は日本語の発音体系の中では座りが悪く、「チベ」なら収まりやすい。だからこれは、「家(うち)の歴史」でも「チプの歴史」でもなく、「チベの歴史」でなければいけないのだ。ここに、日本で生きるために奮闘してきた一族の語りの眼目があり、それを伝える著者の心ばえがある。

最初の話者である李延奎(イヨンギュ)伯父さんは、著者の言葉によれば「おそらくそれなりに長い間、誰かがやってきて自分のことを聞いてくれるのを待っていたし、伯母さんはそのことを知っていた」という。ここを読んで、森崎和江の「聞き書きの記憶の中を流れるもの」という文章〈『まっくら』〈岩波文庫〉所収。初出は『思想の科学』一九九二年一二月号）を思い出した。一九五〇年代から多くの聞き書きを手がけてきた森崎和江が後に振り返って書いたものだが、そこに「話し手のほうも、よくこそ来てくれたという、のりだすような心の姿で、語ってくださる」という回想がある。こういうことが常に成立するわけではないだろうし、森崎和江は、こうした「語る」行為が徐々に衰えていったことも記している。けれども、『家（チベ）の歴史を書く』ではそれが成立しているようだ。

「私は何を知りたいのだろう」「私はこの人たちの話の何に惹かれるのだろう」

著者の自問は、つきつめるほどに、「空白」のありかに近づいていく。一人ひとりのかけがえのない空白、その人がいる間だけ空白であり、いなくなったら、何の空白だったのかも、そこに空白があったのかなかったのかもわからなくなってしまう空白。それを埋める、または指し示す一助としてこの本はあるのだということが、徐々にわかってくる。

きょうだいが亡くなるとヨウヨウ、オウオウと泣き、大村収容所のことを「刑務所いうても、めっちゃええねん」「その、腹減ると、ものすごい面白い」と語った貞姫（チョンヒ）伯母さんは、四・三事件を「四・三事件」としては語らなかった。

貞姫伯母さんにとっても、また、夜間中学で文字を覚え、「前のこと考えてたら、ほんま生きててよかった思う」と回想してくれた俊子（としこ）伯母さんにとっても、四・三事件や密航のことは、「想起されたり語られたりすることではなかった」と著者は言う。それは、歴史とは直接結びつかないように見える文脈で残り、二人によって生きられたものだ。そのすべてがおそらく、マジョリティの世界からは見ることのできないもの、「空白」として存在している。それを踏まえて著者は、「そして、歴史をそのような形で、たった一人で持ち続けている姿を聞くことが、もしかすると、生活史を聞くということなのかもしれない」と書いている。

ここを読んだとき、「姿を聞く」という表現にはっとした。生きてきたすべてとともにそこにある人の姿を、「見る」のではなく、「聞く」というのだから。耳をすますことによって現れる姿もあるのだ。同時に、自分の立てた問いに一つ一つ答えていくという学問の基本姿勢がいかに豊かな言葉を生み出すか、改めて目を開かれた思いだった。

本書の裏テーマは「成長」だと思う。それは、ここに登場する四人の話者がみな十代や二十代で日本へやってきて、以後どう成長してきたかを語っているからでもあるし、一族の中で唯一「鉛筆で飯食うとる」といわれた家で育ち、「大臣になれなくても、博士にはなれる」と思った女の子が学問の世界に入り、「家（チベ）の歴史を書きます」と宣言して、それをやりとげるまでの記録だからだ。そこから、「私が自分を根無し草だと言うなら、それはきっと私が話を聞いてきた人たちに失礼にあたるだろう」という言葉が生まれる。

俊子伯母さんのケースに典型的に見られるように、この人たちの話には「繰り返しと連想と時系列の無視という語られ方の形式」があるという。ここを読んだときには、今年自分が翻訳した『年年歳歳』（ファン・ジョンウン著、河出書房新社）という韓国の小説を思い出した。そこには、一九四六年生まれの女性「スンジャさん」への聞き書きをもとに書いた朝鮮戦争の経験が出てくるのだが、この聞き書きの過程について著者が「スンジャさんの話は全部、切れ切れだということを知った。目的語がしょっちゅう消え、時間と空間が混ざり／五つ以上の単語が続くことはほとんどなかった」と書いている。戦争の中で孤児になり、生き延びるために結婚したというその経験を、スンジャさんは自分の家族にさえ話したことがなかったという。話さなかったのは、「あのころはみんながこういうことを経験したし、もっと酷い目にあった人も多いから」だと、ご本人が言っていたそうだ。ここでもまた「（歴史を）たった一人で持ち続けている姿」が、聞き取られている。家族も知らないその姿が小説に書かれ、外国の読者までがそれを読めるという不思議さ。このことは、朴沙羅の「歴史を書くことも、空白を埋めることも、空白を指し示すことも、伯父さんや伯母さんたちのため、ではない」という言葉ともどこかでつながる。

これらの人々の語りはどくどくと脈打ち、「空白」と思われていた場所に血液を送りつづけてくれている。

この本の最後には年表がついている。そこでは、家族のできごと、済州島のできごと、朝鮮半島のできごと、北東アジアのできごとと徐々に広がっていく形で事項が記されている。そこには沙羅さんと子供たちがヘルシンキで暮らしたことも書かれている。こうして広がっていっても、「家（チベ）」の人たちの声は決して小さくならず、ご本人たちが「わけわからん」「話せへん」と表現した経験は生きた歴史となって年譜の行間を埋める。そこでは無数のイカが飛び跳ね、ミシンが回り、祭祀（チェサ）の料理が作られ、鉛筆を持って夜間中学の机の前に向かう人の姿が見える。この本はぜひ年表まで読んでほしい。いい本のよさは、年表に表れているからだ。

注

はじめに

1 ときどき、在留カード・特別永住者証明書の「国籍・地域」欄に「朝鮮」と記載されている人は「北朝鮮国籍」だと勘違いしている人がいるが、そうではない。なぜなら、かつての外国人登録証明書、現在の在留カードにおける「朝鮮」表記とは、単に「旧植民地であるところの朝鮮の出身」を意味するものだからだ。一九四七年五月二日に外国人登録令が施行されたとき、朝鮮人は日本国籍を持っていたにもかかわらず、外国人として登録された。その際、国籍等の欄には「朝鮮」と表記された。一九四八年に大韓民国と朝鮮民主主義人民共和国が成立すると、その表記をめぐってさまざまな議論や運動が行われたが、一九六五年の日韓条約批准以後、大韓民国の国籍を取得した人は、その表記を「韓国」に切り替えることができるようになった。つまり「朝鮮」籍とは、外国人登録令が施行されたときに朝鮮半島出身者だった者とその子孫に対して、外国人登録証上で出身地を表記したもので、「朝鮮」籍イコール「北朝鮮」籍ではない。

第一章

1 桜井厚『インタビューの社会学』せりか書房、二〇〇二年、六三頁
2 アレッサンドロ・ポルテッリ『オーラルヒストリーとは何か』朴沙羅訳、水声社、二〇一六年、一二五頁
3 前掲1、一七一頁
4 石川良子「〈対話〉への挑戦」桜井厚・石川良子編『ライフストーリー研究に何ができるか』新曜社、二〇一五年、二一七―二四八頁
5 前掲1、一七一頁
6 ダニエル・ベルトー『ライフストーリー――エスノ社会学的パースペクティブ』小林多寿子訳、ミネルヴァ書房、二〇〇三年
7 西倉実季「なぜ「語り方」を記述するのか――読者層とライフストーリー研究を発表する意義に注目して」前掲4、四九―七七頁
8 ピーター・バーク『歴史学と社会理論　第二版』佐藤公彦訳、慶應義塾大学出版会、二〇〇九年
9 前田拓也・秋谷直矩・木下衆・朴沙羅編『最強の社会調査入門』ナカニシヤ出版、二〇一六年、あとがき

第二章

1 済州島庁『済州島勢要覧』一九二四年、四〇頁

2 熊谷明泰「賞罰表象を用いた朝鮮総督府の「国語常用」運動——「罰札」、「国語常用家庭」、「国語常用章」」『関西大学視聴覚教育』二九巻、二〇〇六年、五五-七七頁

3 文京洙『済州島現代史』新幹社、二〇〇五年、六五頁

4 前掲3、六九頁

5 済州地方警察庁『済州警察史』改訂版、二〇〇〇年、二九〇頁

6 前掲5、二九七頁

7 「済民日報」一九四七年四月二八日

8 "Report of Special Investigation-Governor, Ryu, Hai Chin of Cheju-do Island," March 11, 1948.

9 正式には「西北青年会」だが、済州島では「西北青年団」(略称「西青(ソチョン)」)と呼ばれるのが一般的。一九四六年一一月に、朝鮮半島北部出身者の地域別右翼青年団体を統合して結成され、四八年一二月に李承晩大統領の指示により大韓青年団に参加して解散した。済州島には四七年の三・一節発砲事件後に警察補助機構として導入され、四・三事件発生後に追加派遣された。詳しくは金石範・金時鐘『なぜ書きつづけてきたかなぜ沈黙してきたか——済州島四・三事件の記憶と文学』あるいは藤永壮・伊地知紀子ほか「解放直後・在日済州島出身者の生活史調査(4・上)」(二〇〇七年)などを

参照のこと。

10 村上尚子「四・三時期の「在日済州人」」『在日済州人の生と済州島』済州大学校耽羅文化研究所、二〇〇五年、三三五頁

11 藤永壮・伊地知紀子ほか「解放直後・在日済州島出身者の生活史調査（5・上）」二〇〇八年、一二一頁

第三章

1 杉原達『越境する民——近代大阪の朝鮮人史研究』新幹社、一九九八年、九二頁

2 金英達『在日朝鮮人の歴史』明石書店、二〇〇三年、一一五頁、表四

3 大阪府学務部社会課『水上生活者調査』大阪府学務部社会課、一九四八年、二頁・第二表、三頁・第五表

4 小熊英二・姜尚中編『在日一世の記憶』集英社新書、二〇〇八年、五八〇頁

5 同じ時期に新村里に住んでいた李健三さんは、自身の伯母が道端で「殺してしまえ」と言ったのを聞いたことを覚えている（藤永壮・伊地知紀子ほか「解放直後・在日済州島出身者の生活史調査（4・上）」二〇〇七年、一〇六頁）。新村里は東と西とに分かれ、また「共産党になんのんと、反対すんのんと」に分かれていた。

6 「対馬新聞」一九五〇年一月二四日　出所：村上尚子「四・三時期の「在日済州人」」

7　『在日済州人の生と済州島』済州大学校耽羅文化研究所、二〇〇五年、三四頁
8　朴正功『大村収容所』京都大学出版会、一九六九年、四二頁
9　前掲7、一九二頁
　在日朝鮮人の人権を守る会『在日朝鮮人の法的地位――はく奪された基本的人権の実態』一九六四年、一二三頁
10　法務省『在留外国人統計』一九六〇年、二八－三三頁

第四章

1　日本戦災遺族会編『昭和六三年度全国戦災史実調査報告書　戦災により犠牲を被った国民の交通に関する記録の収集』一九九八年、七三－七四頁
2　文京洙『済州島四・三事件』岩波現代文庫、二〇一八年、四〇頁
3　「済民日報」四・三取材班『済州島四・三事件』第一巻、文京洙・金重明訳、新幹社、一九九四年、一二六－一二七頁
4　済州四・三特別法第二条
5　済州四・三事件真相究明及び犠牲者名誉回復委員会『済州四・三真相報告書』日本語版、二〇〇三年、五五三－五五四頁
6　藤永壯・伊地知紀子ほか「解放直後・在日済州島出身者の生活史調査（2）」二〇〇一

年、六五頁
7　二〇一四年三月三〇日「眠りにつけない南の島…4・3〝悲劇の歴史〟証言相次ぐ」二〇一八年八月一〇日取得：http://japan.hani.co.kr/arti/politics/17036.html
8　前掲3、第四巻、三五五頁
9　前掲5、三三八頁
10　前掲3、第四巻、三五七頁
11　前掲3、第四巻、三五八－三五九頁
12　前掲3、第四巻、三六〇頁
13　前掲6、七七頁
14　藤永壮・伊地知紀子ほか「解放直後・在日済州島出身者の生活史調査（4・下）」二〇〇七年、三八頁
15　前掲3、第一巻、七頁
16　「かけはし」二〇〇八年四月二八日号「済州島四・三事件60周年――大阪の証言」二〇一七年一二月二五日取得、http://www.jrcl.net/frame080428h.html
17　朴鐘鳴の証言：小熊英二・姜尚中編『在日一世の記憶』集英社新書、二〇〇八年、四三九頁
18　前掲17、四四〇頁
19　朴沙羅「昔の「盛ってる」話を聞きに行く」前田拓也・秋谷直矩・木下衆・朴沙羅編

『最強の社会調査入門』ナカニシヤ出版、二〇一六年

20 土志田征一編『経済白書で読む戦後日本経済の歩み』有斐閣選書、二〇〇一年、二三頁

第五章

1 文京洙『済州島四・三事件』岩波現代文庫、二〇一八年、一四七－一四八頁

2 朝天面国民学校編『新村郷土史』二七頁

3 夫萬根編『光復済州30年』文潮社、一九七五年

4 高鮮徽『20世紀の滞日済州島人』明石書店、一九九九年、一八五頁

5 金正根・園田恭一・辛基秀編『在日韓国・朝鮮人の健康・生活・意識』明石書店、一九九五年、一八七頁

6 前掲5、一八九－一九一頁

7 伯母さんが実際に生まれたときと、戸籍が作成された時期が異なっている可能性がある。もしかすると、生まれたのは一九四三年一二月で、戸籍をつくったのが一九四四年二月であるかもしれない。

8 大門正克『語る歴史、聞く歴史』岩波新書、二〇一七年、一二二頁

第六章

1 杉原達『越境する民』新幹社、一九九八年、一一七頁
2 一九二二年は、桝田一二『桝田一二地理学論文集』弘詢社、一九七六年、一〇九頁。一九三三年は済州島庁『済州島勢要覧』一九三九年、再録は景仁文化社『韓國地理風俗誌叢書 済州島勢要覧——済州島』一九九五年、一一二頁
3 『済州島勢要覧』、七頁
4 前掲3、一一頁
5 前掲3、一二頁
6 ただし、一九五一年九月に簡易人口調査が行われている。五万四〇四一戸、二六万六四一九人(文京洙『済州島四・三事件』岩波現代文庫、二〇一八年、巻末年表五頁)。
7 前掲6、四〇頁
8 前掲6、同頁

おわりに

1 上野千鶴子・蘭信三・平井和子編『戦争と性暴力の比較史へ向けて』岩波書店、二〇一八年、第一章

参考文献

社会調査・オーラルヒストリーについて

- 石川良子「〈対話〉への挑戦」桜井厚・石川良子編『ライフストーリー研究に何ができるか――対話的構築主義の批判的継承』新曜社、二〇一五年
- 上野千鶴子・蘭信三・平井和子編『戦争と性暴力の比較史へ向けて』岩波書店、二〇一八年
- 大門正克『語る歴史、聞く歴史――オーラル・ヒストリーの現場から』岩波新書、二〇一七年
- 桜井厚『インタビューの社会学――ライフストーリーの聞き方』せりか書房、二〇〇二年
- ピーター・バーク『歴史学と社会理論　第二版』佐藤公彦訳、慶應義塾大学出版会、二〇〇九年
- アレッサンドロ・ポルテッリ『オーラルヒストリーとは何か』朴沙羅訳、水声社、二〇一六年
- 前田拓也・秋谷直矩・木下衆・朴沙羅編『最強の社会調査入門――これから質的調査をはじめる人のために』ナカニシヤ出版、二〇一六年

在日コリアンについて

●小熊英二・姜尚中編『在日一世の記憶』集英社新書、二〇〇八年
●金正根・園田恭一・辛基秀編『在日韓国・朝鮮人の健康・生活・意識——人口集団の生態と動態をめぐって』明石書店、一九九五年
●金英達『金英達著作集3　在日朝鮮人の歴史』明石書店、二〇〇三年
●杉原達『越境する民——近代大阪の朝鮮人史研究』新幹社、一九九八年
●田中宏『在日外国人　第三版——法の壁、心の溝』岩波新書、二〇一三年
●中村一成『ルポ　思想としての朝鮮籍』岩波書店、二〇一七年

済州島/四・三事件について

●蘭信三編著『日本帝国をめぐる人口移動の国際社会学』不二出版、二〇〇八年
●金時鐘『猪飼野詩集』岩波現代文庫、二〇一三年
●金石範・金時鐘著、文京洙編『増補　なぜ書きつづけてきたか　なぜ沈黙してきたか——済州島四・三事件の記憶と文学』平凡社ライブラリー、二〇一五年
●金石範『鴉の死　夢、草深し』小学館文庫、一九九九年
●金昌厚『漢拏山(ハルラサン)へひまわりを——済州島四・三事件を体験した金東日の歳月』李美於訳、

新幹社選書、二〇一〇年
• 高鮮徽『20世紀の滞日済州島人――その生活過程と意識』明石書店、一九九九年
• 済州島庁『済州島勢要覧』一九二四年
• 済州島庁『済州島勢要覧』一九三九年、再録は景仁文化社『韓國地理風俗誌叢書 済州島勢要覧――済州島』一九九五年
• 「済民日報」四・三取材班『済州島四・三事件』（全六巻）文京洙・金重明ほか訳、新幹社、第一巻刊行は一九九四年
• 文京洙『済州島現代史――公共圏の死滅と再生』新幹社、二〇〇五年
• 文京洙『済州島四・三事件――「島のくに（タムナ）」の死と再生の物語』岩波現代文庫、二〇一八年

韓国現代史について

• 木村幹『韓国現代史――大統領たちの栄光と蹉跌』中公新書、二〇〇八年
• 水野直樹・文京洙『在日朝鮮人――歴史と現在』岩波新書、二〇一五年
• 李鍾元・木宮正史・磯崎典世・浅羽祐樹『戦後日韓関係史』有斐閣アルマ、二〇一七年

年表

年	家族	済州島	朝鮮半島	北東アジア
1908	朴熙方生まれる			
1910	金永弘生まれる		韓国併合。土地調査法制定	
1915		島制施行で済州郡が済州島に改変される		
1919		朝天面一帯で独立運動	三・一独立運動	五・四運動
1922		「君代丸」就航		
1925	李延奎生まれる			
1927	朴熙方・金永弘結婚			
1928	朴済奎生まれる			
1929	朴仁奎生まれる			世界恐慌
1931		済州面が済州邑に昇格		満州事変
1932	朴蘭姫生まれる	海女の抗日運動		満州国建国
1933		済州島庁、出稼ぎ制限を行う		
1935	朴貞姫生まれる			
1937				日中戦争勃発、南京大虐殺

1938	朴誠奎生まれる		第三次朝鮮教育令公布	
1939	（このころ神戸市葺合区へ移住か）			ノモンハン事件
1940	朴英姫生まれる		創氏改名実施	日独伊三国軍事同盟
1941	朴貞姫、小学校入学か			太平洋戦争勃発
1942	神戸市葺合区から大阪府布施市へ移住。朴東奎生まれる	朝鮮に徴兵制が施行	国語常用運動	
1944	朴俊子生まれる 朴貞姫、福井県に学童疎開			
1945	李延奎、翰林小学校講師に着任 6月：大阪府から和歌山県を経て済州島朝天面新村里へ引揚 9月：新村国民学校開校	2月：「決七号作戦」策定、８万４０００名の日本軍集結 9月：済州島建国準備委員会結成。のち人民委員会 10月：日本軍撤収開始 11月：米第20連隊第59軍中隊入島	9月：金日成、元山に上陸。朝鮮人民共和国樹立宣言。米軍第24軍団、仁川に上陸、米軍政庁設置	8月：日本降伏
1946	朴仁奎、日本へ再渡航	8月：道制施行。コレラ流行、死者３５０人以上	10月：十月抗争 11月：南朝鮮労働党、西北青年団結成	第一次インドシナ戦争
1947	朴元奎生まれる 3月：李延奎、ゼネストに参加して逮捕、裁判ののち実刑を受け木浦刑務所へ	2月：半島から警察官１００人到着 3月：三・一節発砲事件。全島ゼネスト。趙炳玉警務部長来島、応援警察２２２人派遣 4月：ゼネストによる検挙者が５００人に	7月：呂運亨暗殺 10月：米ソ共同委員会無期休会	5月：日本で外国人登録令施行
1948	3月：李延奎、刑期を終え釈放、日本へ渡航	4月：武装蜂起（済州島四・三事件）。島内各地で投票所など襲撃	2月：南朝鮮単独選挙案、国連可決 7月：李承晩、大統領に選出。第一共和国憲法制定	阪神教育闘争

年	家族	済州島	朝鮮半島	北東アジア
1948	4月：新村里の投票所が襲撃され、選挙名簿が紛失 11月：討伐隊によって新村里の住民が虐殺	5月：済州の2選挙区で無効宣言 8月：応援警察800人、済州島に増派 10月：済州道警備司令部設置、中山間部無許可通行禁止。麗水・順天事件 11月：戒厳令宣布。朝天面・涯月面で討伐隊が住民を集団虐殺	8月：大韓民国樹立宣言。海州で南朝鮮人民代表者会議 9月：朝鮮民主主義人民共和国樹立 12月：国家保安法公布	
1949	1月：新村国民学校焼失、朴誠奎3日間失踪 秋頃、朴熙方・金永弘・朴誠奎・朴東奎・朴元奎、瀬戸内海を経由して大阪へ再渡航か	1月：北村里虐殺事件 4月：李承晩来島 5月：2選挙区で再選挙実施 6月：李徳九武装隊司令官戦死 10月：済州飛行場で虐殺	4月：韓日通商協定調印 5月：国会フラクション事件 6月：金九暗殺。米軍、軍事顧問団を残して撤退	
1950		7月：済州邑・西帰浦で予備検束者の虐殺 8月：済州飛行場・松岳山で予備検束者の虐殺	6月：朝鮮戦争勃発 9月：国連軍、仁川上陸 10月：信川虐殺事件。中国義勇軍参戦	
1951	朴誠奎、西今里中学校に入学	8月：李承晩、来島	2月：居昌良民虐殺事件 7月：開城で休戦会談開始	10月：日韓会談予備会談
1952	6月：朴誠奎、吹田事件に参加 9月：朴玄奎生まれる	6月：米第8軍司令官、済州視察。武装隊、済州放送局襲撃 10月：武装隊、西帰浦発電所襲撃	1月：李承晩ライン宣布 8月：李承晩再選 9月：国連軍、平壌爆撃	2月：日韓会談第1次会談
1953	朴俊子、新村国民学校に入学するもすぐに通わなくなる 朴貞姫、3度目の渡航に成功	11月：武装隊最後の戦闘責任者・高大成逮捕	7月：朝鮮戦争休戦協定調印	

1954	朴誠奎、東京都立朝鮮人学校中途退学。夏から金属工場で働き始める	9月：漢拏山禁足令を解除	11月：四捨五入改憲 12月：韓米経済軍事援助協定締結
1955	朴俊子、春ごろに大阪へ渡航か。渡航後は帽子工場などで働く。朴貞姫、李延奎と結婚	1月：武装隊、自衛隊長・朴東雨逮捕 9月：済州邑が済州市に昇格 11月：済州大学校開設	5月：在日本朝鮮人総連合会結成
1956	朴貞姫・李延奎、洋服工場経営を始める	3月：済州飛行場、民間空港として開設	5月：李承晩三選
1957		3月：李承晩来島 4月：最後の武装隊員・呉元権逮捕	7月：国連軍司令部、東京からソウルへ移転 12月：金石範、『鴉の死』発表。
1958		1月：済州飛行場が国際空港に 11月：四・三事件警民合同追悼式	9月：北朝鮮、千里馬運動を本格化
1959		3月：済州―西帰浦間に電信電話線開通	8月：北朝鮮、在日朝鮮人帰還協定調印 12月：初の帰国船、清津港に到着
1960	朴誠奎、ナット工場経営を始める	5月：済州大学校で4・19犠牲学徒合同慰霊祭開催、「四・三事件真相究明同志会」結成	3月：大統領選挙に李承晩当選　ベトナム戦争勃発 4月：4・19革命、李承晩下野 7月：民・参両議院、総選挙実施
1961		2月：在日僑胞祖国訪問団21人来島 （のちに国家再建最高会議に改称） 9月：朴正煕、初の来島	5月：軍事クーデタ。軍事革命委員会発足 7月：最高会議議長に朴正煕就任。北朝鮮、中ソと友好協力相互援助条約締結
1962		4月：在日済州開発協会、訪問団来島 11月：済州新聞社・済民日報社、「済州新聞」に統合	1月：韓国、第1次経済開発5カ年計画 11月：金鍾泌・大平メモ合意 12月：改憲案国民投票実施

年	家族	済州島	朝鮮半島	北東アジア
1963	朴誠奎、結婚	10月：5·16横断道路開通。済州観光ホテル開館	10月：朴正熙大統領就任 12月：第三共和国発足	
1964	朴俊子、結婚	3月：済州道建設総合計画審議会発足 4月：朴正熙来島	6月：日韓会談反対デモ 9月：韓国、ベトナム派兵開始	
1965		3月：朴正熙来島、日韓請求権資金による一周道路舗装を公約 8月：日韓条約反対デモ	6月：日韓条約調印、日韓漁業協定	
1966		5月：在日済州開発協会、みかん苗木7000本を寄贈	7月：韓米行政協定調印	文化大革命開始
1967	朴貞姫·李延奎の洋服工場、火事で焼失。朴貞姫、焼肉店「新楽園」を始める	12月：済州市—大静、済州市—表善間に産業道路開通	5月：朴正熙再選 6月：国会議員選挙	
1968		7月：第2横断道路工事着工 8月：北朝鮮武装ゲリラ14人、西帰浦沖に出現	1月：1·21事態(北朝鮮の武装ゲリラ31人がソウルに侵入、ソウル市内で交戦)。プエブロ号拿捕 12月：国民教育憲章宣布	小笠原諸島返還
1969	金永弘、済州へ帰る 天王寺夜間中学が創設、朴俊子入学か	10月：済州—大阪間に初の国際航空路線就航	6月：学生による三選改憲反対デモ 10月：三選改憲国民投票で承認	
1970		2月：済州民俗博物館開館	4月：セマウル運動開始	3月：よど号事件

年			
			9月：新民党大統領候補に金大中指名
1971	朴貞姫、近畿大学近くで喫茶店「シルクロード」を始める	5月：済州―大阪間、直行航空路線就航 12月：済州道開発5カ年計画成案	4月：韓国大統領選挙。第7代大統領に朴正熙三選
1972		2月：朴正熙、年頭巡視で済州島を国際観光地とすることを指示 5月：済州観光総合開発計画成案 7月：済州市セマウル促進大会開催	7月：南北共同声明　日中共同声明、沖縄返還 10月：十月維新 12月：維新憲法公布、第四共和国樹立。金日成、国家主席となる。首都を平壌と定める
1973	朴誠奎、ナット工場をたたみ東京へ単身移住	2月：一周道路拡張整備事業完工 12月：第2横断道路舗装完了	6月：平和統一宣言 8月：金大中拉致事件
1974		5月：在日医療奉仕団、済州で診療 11月：「新済州」造成計画発表	4月：民青学連事件 8月：朴正熙狙撃事件、陸夫人死亡
1975	朴誠奎、大阪へ戻り雀荘経営を始める	3月：済州道開発促進法制定を政府に建議	5月：大統領緊急措置9号発表（反政府運動の禁止） 11月：在日コリアン留学生の逮捕
1976			8月：板門店ポプラ事件　南北ベトナム統一
1977		2月：新済州建設計画確定 3月：「在日僑胞スパイ団」11人検挙	6月：韓国、原発1号機運転開始 12月：輸出100億ドル達成
1978	朴誠奎、このころ金融業を経て産業廃棄物処理業を始める？ 朴俊子、天王寺夜間中学を卒業	7月：KBS済州放送局、カラーテレビ放送開始 10月：玄基栄「順伊おばさん」発表	12月：朴正熙、第9代大統領に就任

年	家族	済州島	朝鮮半島	北東アジア
1979	金永弘死去 朴玄奎結婚	10月：朴正熙暗殺に伴い島内大学休校	10月：朴正熙暗殺 12月：12・12粛軍クーデター	中越戦争
1980		4月：済州大生、自治に基づく学則改定を求めて立てこもり 11月：全斗煥来島	5月：光州事件 10月：北朝鮮労働党第6回党大会。金正日書記を党ナンバー2に選任	
1981		2月：大韓航空、済州―大阪間の直航路開設	1月：金大中死刑確定 3月：全斗煥、大統領に就任。第五共和国成立	
1982		5月：済州大、総合大学に昇格 8月：済州道総合開発計画発表	1月：夜間通行禁止令全面解除	
1983			6月：KBS、離散家族探しのテレビ生放送 9月：大韓航空機撃墜惨事	
1984	朴沙羅生まれる		11月：初の南北経済会談開催	10月：金石範、『火山島』で大佛次郎賞受賞
1985	朴熙方死去			
1986		5月：済州大生500人余りが光州事件の真相究明を求めてデモ 10月：朝天、面から邑に昇格	5月：米文化院占拠事件 9月：南北離散家族相互訪問 12月：北朝鮮、NPT締結	
1987		6月：済州大生中心に民主化要求デモ 8月：ソウルで済州社会問題協議会結成	6月：6・10デモ。盧泰愚「6・29民主化宣言」発表 11月：大韓航空機爆破事件	

年				
1988		1月：塔洞埋め立て工事着工、海女によるデモ・立てこもり続く 4月：東京で四・三事件40周年記念行事 10月：四・三事件反共遺族会発足	2月：盧泰愚、第13代大統領就任。第六共和国成立 9月：ソウルオリンピック開催 12月：韓国、貿易高1000億ドル突破	
1989		4月：「済州新聞」で「四・三の証言」連載開始。「第1回済州抗争追慕祭」開催 5月：済州四・三研究所創設	7月：国民皆保険実施	6月：天安門事件
1990	朴蘭姫死去	6月：「済民日報」創刊、「四・三の証言」が「四・三は語る」として連載再開。四・三事件民間人遺族会発足犠牲者	9月：韓国、ソ連と国交樹立 11月：挺身隊対策協議会発足	
1991		4月：遺族会主催第1回四・三事件慰霊祭 8月：道知事更迭 9月：済州道開発特別法反対汎道民会結成	2月：朝鮮労働党代表団訪日 8月：金学順、元従軍慰安婦として証言 9月：南北国連同時加入	
1992		3月：MBC大河ドラマ『黎明の瞳』の一部で四・三事件が描かれる	1月：初の米朝高官級会談 5月：IAEA査察団、北朝鮮の核施設査察	
1993		3月：道議会、四・三特別委員会発足 10月：島民1万7000人が連名で国会四・三特別委員会の構成を求める請願書提出	2月：金泳三、第14代大統領就任 3月：北朝鮮、NPT脱退 5月：光州事件名誉回復運動 6月：朝米共同宣言	
1994		1月：関西済州道民会発足 2月：道議会、四・三被害調査に着手	6月：北朝鮮、IAEA脱退表明 7月：金日成死去	

年	家族	済州島	朝鮮半島	北東アジア
		4月：四・三事件犠牲者合同慰霊祭開催	10月：米朝枠組み合意	
1995		5月：四・三被害調査第一次報告書発刊	12月：全斗煥逮捕	8月：村山談話発表
1996		3月：道知事が政府に四・三真相究明を正式に要請	4月：米韓4者会談提案 7月：KBSが衛星放送開始 12月：韓国、OECDに加盟	
1997		4月：四・三50周年記念事業推進汎国民委員会結成	4月：全斗煥に無期懲役確定、のちに特赦 10月：金正日、総書記に選出	
1998		2月：汎国民委員会「四・三50周年学術記念シンポジウム」開催 4月：50周年慰霊祭、済州島のほか東京・大阪でも開催	2月：金大中、大統領に就任 8月：テポドン発射 10月：日韓パートナーシップ共同宣言 11月：金剛山観光開始	
1999		3月：「済州四・三事件の真相究明と名誉回復のための道民連帯」結成 6月：金大中来島、慰霊公園造成のために特別交付税30億ウォンの支援を約束 12月：「四・三特別法」国会通過	6月：南北、黄海上で銃撃戦	
2000		1月：四・三特別法公布 8月：四・三委員会成立 10月：在日本済州四・三遺族会発足	6月：南北首脳会談。南北共同声明発表 8月：第1回離散家族再開 11月：金大中、ノーベル平和賞受賞	

2001	朴東奎死去	12月：「済州国際自由都市特別法」採択	1月：金正日訪中
2002		11月：四・三委員会、四・三事件犠牲者1715人を第1次認定	12月：盧武鉉、大統領選挙当選。北朝鮮、IAEA査察団を国外退去 5月：日韓共催W杯開催 9月：日朝平壌宣言
2003	朴済奎死去	10月：「済州四・三事件真相調査報告書」確定。盧武鉉来島、政府を代表して四・三事件の犠牲者遺族に謝罪	1月：北朝鮮、NPT脱退 2月：盧武鉉、第16代大統領に就任 8月：北京で北朝鮮問題に関する六者協議
2005		1月：政府、済州島を「世界平和の島」として指定 10月：四・三委員会、四・三事件関連受刑者を犠牲者として認定	2月：北朝鮮、核兵器の製造・保有を公式に認める 5月：韓国、過去事法成立
2006		4月：盧武鉉、四・三58周年慰霊祭に参加 7月：済州道が特別自治道に 10月：済州市で第1次遺骸発掘事業	10月：北朝鮮、地下核実験実施
2007	朴沙羅、大学の授業課題として生活史インタビューをする	1月：四・三特別法改定 8月：済州空港で第2次遺骸発掘事業	10月：南北首脳会談 12月：李明博、大統領当選
2008	朴沙羅、大学院進学	1月：四・三特別法改定案発議 3月：済州四・三平和記念館開館 11月：済州四・三平和財団発足	2月：南大門、放火で焼失。李明博、第17代大統領に就任 5～7月：米国産輸入牛肉の全面開放に抗議するろうそくデモが全国に拡大
2009		4月：済州四・三犠牲者刻銘碑竣工 10月：済州四・三行方不明者標石竣工	5月：盧武鉉前大統領、自宅付近で投身、死亡。北朝鮮、2度目の核実験

年	家族	済州島	朝鮮半島	北東アジア
2010		1月：江汀海軍基地起工式事業阻止闘争、住民・活動家50人余り連行 8月：四・三平和公園遺骸奉安館竣工	9月：金正恩が人民軍大将・党中央軍事委員会副委員長に選任 11月：延坪島砲撃事件	
2011	朴沙羅結婚 朴誠奎死去 李延奎死去	6月：政府、江汀海域の浚渫工事強行、住民と衝突 8月：四・三事件生存犠牲者及び遺族への生活補助金支援開始	8月：憲法裁判所、従軍慰安婦問題をめぐる韓国政府の不作為を違憲と判断 12月：金正日国防委員長病死。金正恩、朝鮮人民軍最高司令官に就任	
2012	朴玄奎退職		12月：朴槿恵、大統領に選出	8月：李明博、竹島（独島）上陸
2013	朴沙羅、大学院博士後期課程研究指導認定退学	8月：四・三特別法を改定公布 11月：四・三事件を共産暴動とする「済州四・三定立研究・遺族会」結成	2月：北朝鮮、3回目の核実験成功と発表。朴槿恵、第18代大統領就任	
2014	朴玄奎、沖縄県へ移住	3月：「四・三事件犠牲者追慕の日」が国家記念日として指定	4月：セウォル号沈没事故	
2015		4月：第1回四・三平和賞を金石範が受賞。 「済州四・三を正す愛国・安保連合総決起大会」が右翼団体300人余りで開催	11月：日韓首脳会談。金泳三前大統領、病死 12月：慰安婦問題をめぐる日韓合意	8月：戦後70年安倍談話発表
2016		3月：四・三遺族会行方不明人協議会発足	1月：北朝鮮「初の水爆実験成功」と発表	
2017		4月：第2回四・三平和賞をブルー	3月：憲法裁判所、朴槿恵大統領弾劾訴追	

		ス・カミングスが受賞	案を承認、即日大統領罷免 5月：文在寅、第19代大統領就任	
2018		4月：文在寅、済州四・三犠牲者追悼式に出席し「四・三の完全な解決に向け揺るぎなく進むこと」を約束	2月：平昌冬季オリンピック 4・5月：南北首脳会談	
2020				3月：新型コロナ流行による入国制限はじまる（日本・韓国）
2021	11月：朴沙羅『ヘルシンキ 生活の練習』刊行	12月：犠牲者・遺族への補償金支給を内容とする四・三特別法の一部改正案が韓国の国会を通過		
2022		4月：改正四・三特別法施行	5月：尹錫悦、第20代韓国大統領就任	

本書は二〇一八年九月、小社より刊行されました。

ちくま文庫

家の歴史を書く

二〇二二年十月十日　第一刷発行

著　者　朴沙羅（ぱく・さら）
発行者　喜入冬子
発行所　株式会社　筑摩書房
東京都台東区蔵前二―五―三　〒一一一―八七五五
電話番号　〇三―五六八七―二六〇一（代表）
装幀者　安野光雅
印刷所　凸版印刷株式会社
製本所　凸版印刷株式会社

ISBN978-4-480-43847-8　C0136